Siesta
Die Kunst des Mittagsschlafs

Thierry Paquot

Siesta
Die Kunst des Mittagsschlafs

Aus dem Französischen
von Sabine Dzuck

Die Deutsche Bibliothek – CIP-Einheitsaufnahme

Paquot, Thierry
Siesta : Die Kunst des Mittagsschlafs / Thierry Paquot.
Aus dem Franz. von Sabine Dzuck. – 1. Aufl. –
Köln : vgs, 2000
ISBN 3-8025-2729-1

Titel der französischen Originalausgabe: *L'Art de la sieste*

Umschlagbild: Ilja Repin, *Die Ruhepause*, 1882

1. Auflage 2000

Lektorat: Katharina Tilemann, Köln
Produktion: Angelika Rekowski
Umschlaggestaltung: Sens, Köln
Satz: Greiner & Reichel, Köln
Druck: Clausen & Bosse, Leck
Printed in Germany
ISBN 3-8025-2729-1

Inhalt

Einleitung

Die andere Seite der Siesta

Langsam erhebe ich mich von meinem Schreibtisch, ich schalte meinen Computer aus, ich gehe auf mein Bett zu, streife meine Schuhe und meine Socken ab, ziehe meine Hose aus, stelle das Telefon ab und beende mit Bedauern »Recital für Harfe« von Martine Geliot. Dann strecke ich mich aus, schließe die Lider und höre, wie ich noch ein »Schlaf gut« in den Raum und mir selbst wünsche, fast unhörbar, wie ein Murmeln, ein Streicheln. Einige Sekunden später habe ich über nichts mehr Kontrolle, ich bin voll und ganz »woanders«, im Land des Schlafs. Wie spät es ist? Fast halb zwei. Der Beginn des Nachmittags. Dieser so angenehme, kurze Moment, in dem der Mittagsschlaf nach Ihnen ruft – und Sie nicht wissen, wie Sie antworten sollen. Schlafen? Aber es gibt so viel zu tun! Schlafen? Das kann doch wohl nicht ernst gemeint sein! Wenn das jemand wüsste, es weitersagen würde, meinen Verwandten, meinen Studenten, meinen Kollegen, meinen Vorgesetzten ... Nein, nein, stören Sie mich nicht, jetzt ist Ruhepause. Ich bin für niemanden zu sprechen: Ich schlafe!

Was? Ja ja, »Thierry Paquot macht Bubu, wie ein Baby«! Schäme er sich; Sie alle sollen sich schämen, die Sie sich dieser Gewohnheit aus einer anderen Zeit hingeben, einer Gewohnheit, die man verurteilen sollte, verbieten, bestrafen! Tag ist Tag, der ist zum Arbeiten gemacht, Menschenskind. Und die Nacht ... die Nacht? Man schläft. Punktum. Keine Diskussion. Kein Theater. Das ist ein hervorragender Rhythmus, vernünftig, rational, funktionell, letztlich rentabel für alle Beteiligten. Jeder findet sich darin wieder: der Arbeitgeber und der Arbeitnehmer. Kurzum, es ist einfach nicht vernünftig, sich aus dem sozialen Leben zurückzuziehen, einfach nur um ein kleines Nickerchen zu machen, so als ob nichts wäre! Aber dennoch, trotz dieser Argumente aus dem Munde höchst verantwortlicher Leute gebe ich zu, gestehe, erkläre: Die Siesta ist ein wichtiger Pfeiler einer Lebenskunst – ja, einer Lebenskunst! –, der es verdient, verteidigt und unters Volk gebracht zu werden, der es verdient, gelebt zu werden, und zwar mit Überzeugung, Lust und Ernsthaftigkeit. Mittagsschläfer und Mittagsschläferinnen allen Alters, aller Berufe, aller Länder und Zeitzonen, behaupten Sie Ihre Singularität und widerstehen Sie der planetarischen, der satellitären, der totalitären Zeit! Es ist nur ein Anfang, die Siesta geht weiter.

Die Siesta ist ein Imperativ. Sie bittet Sie nicht, sie zwingt sich Ihnen auf. Sie ist einfach da, verführerisch, anmachend, zärtlich, mit einem Wort: unwiderstehlich. Sie umgibt Sie mit ihrer Wärme, liebkost Sie, streichelt Sie. Und Sie folgen ihr, blind. Ihre Augen schließen sich trotz allem, nach und nach entspannen Sie sich; Ihr Körper, der Ihnen eben noch irgendwie sperrig erschien, scheint leicht, unsichtbar, existiert gar nicht. Das Glück – eine Form des Glücks – überkommt Sie. Sie lassen es mit sich geschehen, lassen sich gehen, und mit Erstaunen geben Sie sich hin. An wen? Einen neuen Herrn? Eine Liebhaberin? Kleiner Geheimniskrämer. Eine verbotene Liaison, die man verstecken muss? Ja, eine Beziehung – verurteilt von der Produktivitätsmoral –, eine Beziehung mit der Nacht am helllichten Tag, mit Hypnos. Siesta bedeutet, am helllichten Tag mit dem Schlaf gemeinsame Sache zu machen, ihm Ehre zu erweisen, indem man in seiner Begleitung eine Pause einlegt und die Tür für Träumereien offen lässt ... Mittags zu schlafen ist eine Wohltat.

Das Kind ist nervös. Es weint, brüllt, rollt sich auf dem Boden herum, stößt alles um, was ihm in die Quere kommt. Es weigert sich, schlafen zu gehen – so bedrohlich erscheint ihm dieser Vorschlag. Schlafengehen scheint wie eine Bestrafung. Um das Kleine zu beruhigen, müssen Sie es in Ihre Arme nehmen, es mit Ihrer ganzen Zärtlichkeit umgeben, es in den Schlaf begleiten, sich auf seine Ängste einlassen, es Ihre Freude am Ausruhen spüren lassen. Das Ausruhen folgt auf die Mahlzeit, sei diese nun karg oder üppig. Beim Aufwachen wird das Kind wieder offen sein für seine Umwelt und sie mit großer Neugier neu zu entdecken beginnen. Der Mittagsschlaf ist wie eine Atempause, ein notwendiger Moment, um Körper und Geist wieder aufzutanken. Auch das Baby und das Kleinkind nähren sich von dieser einmaligen, wertvollen Zeit. Das schlafende Kind ist noch schöner. Schauen Sie es an. Es strahlt Frieden aus. Es ähnelt einer ruhigen, strahlenden Landschaft. Einer verschneiten Landschaft, die alle Geräusche verschluckt und von der Stille singt. Einer sonnigen Landschaft, die die Muskeln des Körpers erwärmt und träumen lässt. Mehr als nur ein Maler hat die Landschaft in ein Kunstwerk verwandelt, wie Montaigne so schön sagte. Tatsächlich hilft uns das Gemälde einer Landschaft, die »Natur« selbst besser zu sehen und wertzuschätzen. Gleiches gilt auch für den Schlaf in der Kunst, der uns an seinem Atem, an seiner ruhigen Gelassenheit, seinem bezaubernden Halbdunkel teilhaben lässt. Möge uns das Einschlafen aus der Finsternis führen und uns zu fröhlichen oder stürmischen Lichtungen geleiten …

I

Bilder einer Siesta

Sehen Sie sich das Jesuskind auf dem Bild *Stille* von Domenico Zampieri, genannt »Domenichino« (1581–1641), genau an. Es hat eine Haltung eingenommen, die zum Schlafen nicht besonders geeignet scheint, und doch geht von ihm eine ansteckende Ruhe aus. Seine Mutter hält ihren rechten Zeigefinger an die Lippen und fordert die Anwesenden damit auf, keinen Lärm zu machen. »Ruhig, leise«, flüstert sie, »das Kind schläft ...«

Domenichinos Landsmann Giorgione (1477–1510) malte eine *Ruhende Venus* (um 1508), die er nicht vollenden konnte – die Pest von Venedig entführte ihn in eine ewige Siesta. Aber Tizian vollendete das Gemälde. Sicherlich hat er der Landschaft einige Elemente hinzugefügt und auch am Himmel gearbeitet – jedoch änderte er nichts an der nackten jungen Frau, die sich gerade behutsam ihre Hand zwischen die Schenkel gelegt hat. Ruht sie sich aus, nach der köstlichen Spannung der Masturbation? Das Tuch, auf dem sie sich ausgestreckt hat, ist zerwühlt wie die sich ausruhende Unordnung. In derselben Epoche, ganz zu Beginn des 16. Jahrhunderts, malte Piero di Cosimo ebenfalls *Venus, Mars und Cupido*. Hier ist es Mars, der Mittagsschlaf hält, ausgestreckt, nackt, inmitten einer fröhlichen, von Tieren und Putten bevölkerten Landschaft.

Caravaggio hat in dem Gemälde *Ruhe auf der Flucht nach Ägypten* (1596?) auf großartige Weise die Art der Entspannung veranschaulicht, wie sie die Siesta bietet. Die Madonna und ihr Kind schlafen, während ein Engel in Gestalt eines schönen Jünglings auf der Geige spielt und Joseph ihm die Noten hält. Die Musik trägt zu der Ruhe und Gelöstheit bei, die in dieser Szene liegen. Hier, während dieser kurzen Atempause, gibt es keine Angst; die Gründe für die Flucht und die Gefahren der Reise sind für kurze Zeit vergessen. Alles, was bleibt, ist eine gewisse Gelassenheit, welche die Personen mit einem unsichtbaren, schützenden Tuch umhüllt. Das Kind fürchtet nichts. Was sollte es auch fürchten, gewiegt vom sanften Atem seiner Mutter? Auf der *Rast der Heiligen Familien auf der Flucht nach Ägypten* (1628?) lässt Orazio Gentileschi Joseph in einen tiefen Schlaf eintauchen, während Maria dagegen ankämpft, dass ihr die Augen zufallen, und das wache Jesuskind gierig an ihrer Brust trinkt. Dem Betrachter gibt es mit seinen Blicken zu verstehen, dass es auf keinen Fall in dieser angenehmen Situation, während dieses genüsslichen Saugens, gestört werden will.

Pieter Brueghel der Ältere zeigt uns auf seiner

Kornernte (1565) und dem *Schlaraffenland* (1567) Männer, die nach der Arbeit oder einem opulenten Mahl zusammengesunken dasitzen – schlafend, die Beine gespreizt, ungeniert und mit geradezu ansteckendem Vergnügen. Das »Schlaraffenland« gibt es nicht, kein Weg führt dorthin – außer dem der Fantasie. Der Historiker Jean Delumeau, der von Boccaccio bis zu Rabelais mehr als ein Schlaraffenland besucht hat, berichtet uns, dass es in allen diesen Ländern Flüsse aus Honig gibt, Brunnen, aus denen Wein fließt, Bäume, an denen die Früchte, sobald sie gepflückt werden, nachwachsen; dass es dort saftige Keulen vom Himmel regnet, Gebirge aus Käse gibt, Schweine, die sich am Rost drehen und in denen schon das Messer steckt, das sie tranchieren wird. Kurzum, Länder, wo es sich gut leben lässt, das Paradies schlechthin für diejenigen, denen es an allem mangelt, die nur gerade eben überleben in einer von Kriegen gegeißelten Welt, einer Welt voll sozialer Missstände, voll Ungerechtigkeiten jeglicher Art ... Angesichts dieser Last, die immer schwerer zu tragen ist, angesichts des Unglückes, das auf ihm liegt, flüchtet sich der Bauer, der arme Schlucker, in die Erwartung einer besseren Welt – in die Beschreibung eines Schlaraffenlandes. Das Gemälde trägt den Titel *Luilekkerland*, was wörtlich übersetzt so viel heißt wie »Land der Leckereien«. Daher nimmt es nicht Wunder, dass dort Pasteten, Torten, gegrilltes Geflügel und Ähnliches mehr abgebildet sind. Der Traum vom Überfluss, von Ruhe und Faulenzen ist die Antwort auf die Hungersnot, die immer drohend über diesen Landschaften schwebt. Eben diesen Traum erzählt uns das berühmte Gemälde von Brueghel dem Älteren – mit seinen Farben, den Posen und der Mimik seiner Figuren. Brueghel bietet ein Stück Trost, etwas Hoffnung an. Der Soldat, der Bauer und der Student – neben ihm liegt ein Buch –, die auf diesem Gemälde abgebildet sind, haben sicherlich (ausnahmsweise einmal!) gut gegessen. Sie repräsentieren aber vor allem ein »Gegengift« zu dem herrschenden Unglück, gegen die Krankheiten und die Leiden des Krieges. An manchen Tagen, wenn ich aufmerksam eine Reproduktion der *Kornernte* betrachte, höre ich das regelmäßige Schnarchen des Landarbeiters. Dann lächle ich erleichtert für ihn – und in Dankbarkeit für die Bequemlichkeit und den Frieden, die mir die Zeit und die Gesellschaft, in denen ich lebe und schlafe, bieten. Seltsam, nicht wahr? Dass es angenehm ist, wie ein Einbrecher in ein Gemälde einzudringen, wo keiner Sie erwartet. Sie sind dann dort, mit Ihrer modernen Kleidung, mit der Mentalität Ihrer Zeit, und Sie sprechen diese oder jene Person an, als ob »diese Welt da« Ihnen vertraut wäre. Die einfache Ausübung des Mittagsschlafs reicht tatsächlich aus, um Sie an die Seite der vergnügten Lebenskünstler zu bringen, die Ihnen Alexandre le Bienheureux vorführt. Sind Sie schon einmal in einen Film eingetreten wie die Heldin in *The Purple Rose of Cairo* von Woody Allen? Es ist eigenartig, aber mir scheint, dass die Siesta genau eine solche Art Reise begünstigt. Wie mit einem Teleskop ein Gemälde oder eine Filmszene immer näher zu sich heranzuziehen, Bilder über eine Wirklichkeit zu legen, dem eigentlich Flachen Raum zu verleihen, das Unbewegliche zu bewegen – das ist die Magie des allmählichen Einschlafens.

Aber lassen Sie uns für einen Moment in unser Museum zurückkehren. Wir waren bei Brueghel. Nun, fast ein Jahrhundert später werden auch die flämischen Meister der Siesta huldigen, zumindest empfinde ich es so beim Anblick einiger ihrer Gemälde – auch auf die Gefahr hin, dass ich die Werke damit auf eine sehr selektive Art und Weise interpretiere. Rubens' *Flämische Kirmes* zieht mich zwar in einen wilden Tanz hinein, ein Paar auf dem Bild hält dies jedoch nicht davon ab, sich auf dem Rasen niederzulassen, miteinander zu schäkern, sich zu liebkosen und dann in einen erholsamen Schlaf zu fallen. Rembrandts *Gelehrter in einem Zimmer mit Wendeltreppe* »denkt« sicherlich und zieht sich dazu in eine dunkle Ecke des Raumes zurück. In dieser gesuchten Einsamkeit neigt er den Kopf, schließt die Augen und macht sich auf die Jagd nach Ideen. Aber schläft er? Ich glaube es. Er zieht sich in einer Art »Fast-Schlafen« von dieser Welt zurück, schweift herum, denkt, träumt, errichtet Theorien, trifft andere Denker und erarbeitet neue Konzepte. Genauso hat *Die Wache* von Carel Fabritius ihren Posten verlassen und schläft. Nur ein kleiner Hund bleibt wach und betrachtet »zärtlich«, fast menschlich, den jungen Soldaten, der neue Kräfte tankt.

Dass es sich bei dem *Paar im Bett* von Jan Steen um ein Motiv aus dem Bordell handelt, hindert mich nicht daran, die Szene in die Stunde der Siesta zu verlegen und mir vorzustellen, wie das Paar nach ein paar lustvollen Liebkosungen vom Schlaf eingehüllt wird wie von dem Tuch, das sie zärtlich zudeckt und wärmt.

Auf dem Bild *Schlaf des Endymion* (1791) zeigt Anne-Louis Girodet-Trioson einen selig Schlafenden, der ruhig und sachte atmet, man hört ihn kaum. Man könnte ihn für einen Engel halten, wenn er nicht dieses Geschlecht hätte, das ebenfalls schläft, weich, im schützenden Gebüsch seiner Scham.

Die zahlreichen Kurtisanen und Badenden, »leichten Mädchen« und Modelle, die die Gemälde der Orientalisten, Impressionisten, Pointillisten, Fauvisten und anderer bevölkern, sind von ebenso träger Natur wie aktive Mittagsschläferinnen. Auf seiner *Frau mit Papagei* (1827) verleiht Eugène Delacroix der Siesta warme, fleischliche, erotische Farben. Seine *Frauen von Algier in ihrem Gemach* (1834) lassen an die Vorbereitungen für eine verträumte Siesta denken; der Tabak der Wasserpfeife ist schließlich ein angenehmer »Wegbereiter« ...

Les demoiselles des bords de la Seine (1856) von Gustave Courbet sind beschäftigt. Die eine damit, an nichts zu denken – sie scheint sogar zu schmollen, langweilt sie sich? –, die andere, tief und fest zu schlafen. Die beiden liegen weit voneinander entfernt. Ganz im Gegensatz zu den beiden Liebenden, die Courbet im Auftrag von Khalil-Bey, einem osmanischen Sammler, gemalt hat: Nichts spricht gegen die Vermutung, dass es sich bei *Der Schlaf* (1866) um die Darstellung einer Siesta handelt. Zärtlich ineinander verschlungen versinken die beiden Lesbierinnen nach der Liebe in einen gemeinsamen Schlaf. Derselbe Khalil-Bey kaufte auch *Ursprung der Welt* und erwarb *Das türkische Bad* (1862), jenes fabelhafte runde Gemälde (108 Zentimeter im Durchmesser) von Jean Auguste Dominique Ingres. Wie durch ein Schlüsselloch führt uns Ingres dort in ein Hammam, wo nackte Frauen ganz eng beieinander sind und sich unterhalten; einige erwachen gerade, andere schlafen ein. Einige werfen sich in Pose, andere versuchen, ein Gähnen zu unterdrücken. Eine der Frauen spielt ein Instrument und schaut dabei zwei jungen Frauen zu. Ob es Musik aus ihrem Heimatland ist? Der Maler lässt uns die Musik nicht hören, nur sehen. Wir sehen die Hingabe zur Zeit der Siesta, die nichts anderes ist als das Erwachen der Sinne! Wenigstens sehe ich es so.

In den unzähligen Darstellungen eines »Frühstücks auf dem Lande«, auf die jene Epoche so versessen gewesen zu sein scheint, finden wir ebenfalls Personen, die sich dem Mittagsschlaf hingeben oder es bald tun werden. Mit *Badeplatz in Asnières* (1883) und *Ein Sonntagnachmittag auf der Insel La Grande Jatte* (1884) spricht sich Georges Seurat tatsächlich für das »Recht auf Siesta« aus – in einer Epoche, in der die Sonntagsruhe noch nicht für jedermann selbstverständlich war. Es stimmt, dass der Arbeiter lieber den »Heiligen Montag« ehrte und den Sonntag den Frömmlern überließ. Monet, Manet, Toulouse-Lautrec, Gaugin und viele andere werden diese »angehaltene Zeit«, diese Zäsur mitten am Tag darstellen – diese »Zeit für sich selbst«, die die Siesta ist. Dabei ist sie niemals das Hauptthema, der Titel des Werkes – doch ihre Präsenz steht völlig außer Frage. Oft machen die Maler unverhohlen deutlich, dass die Siesta eine Begleiterin der Sexualität ist, des lustvollen Verlangens, der Vereinigung der Körper.

Anders ist es bei den Frauen von Edouard Vuillard, die er ausgestreckt auf einer Chaiselongue oder einem Canapé zeigt: *Misia und Thadée Natanson* (1897), *Frau im Garten sitzend* und *Frau im Garten lesend* (1898) sowie *Madame Hessel sitzend* (1910–1912) sind Frauen, die sich mit offenen Augen über ein Buch beugen oder einfach dasitzen, verloren in Gedanken, die ebenso schwer zu greifen sind wie flüchtige Schmetterlinge – dennoch machen sie eine Siesta, manchmal eine Art »Wachsiesta«. Denn diese Form der Ruhepause bedarf nicht der völligen Teilnahmslosigkeit, einer kompletten Abwesenheit, eines »Exils«. Eine Siesta kann man auf unzählige Arten begehen: Indem man in einen bleiernen Schlaf fällt, indem man einige Minuten vor sich hin döst, indem man ein paar Augenblicke eine völlige Leere in sich aufkommen lässt und Ähnliches mehr. Unter den Händen der Maler schmückt sich die Siesta mit den Farben einer stets freundschaftlichen Palette. Und wenn Sie – ob langsam oder schnell – in den Schlaf sinken, achten Sie auf das kurze Vorspiel, das dem Einschlummern vorausgeht. Denn in diesem Moment malen Sie Ihr eigenes Gemälde, inspiriert durch Bilder, die Sie lieben. Sie gleiten in sie hinein, und alles wird Farbe – in einer sicherlich symbolischen Komposition, die jedoch unbeschreibbar und von undurchschaubarer Bedeutung ist. Eine Siesta kann viele Farben haben. Es gibt ockerfarbene, in denen es heiß ist und Ihnen der Schweiß ausbricht. Es gibt rote, brutale, brennende. Es gibt weiße, jungfräuliche, rein und leicht. Es gibt solche, die von Sandstürmen, von launischen Meeren und schwatzhaften Winden aufgerüttelt werden. Die bunten sind die besten. Sie beruhigen und plagen zugleich. Sie sind unersetzlich.

II

Der Dämon des Mittags

In zwei aufeinander folgenden Ausgaben der *Revue de l'Histoire des Religions* und in zwei Heften der *Revue des études slaves* hat Roger Caillois 1936 und 1937 die Quintessenz seiner Diplomarbeit veröffentlicht. Sein Thema: *Die Dämonen des Mittags*. Damit betrat er ein bis damals kaum bearbeitetes Terrain, das die Antike mit Dämonen, Sirenen, Satyren, Nymphen und vielen anderen imaginären, fürchterlichen Gestalten bevölkert hatte. Der *Dämon des Mittags* steht für die Unruhe, die manche Menschen zur Mitte des Tages erfasst. Warum gerade zu dieser »sechsten Stunde« und nicht zu irgendeiner anderen Zeit? Das ist leicht zu erkennen, es ist der Moment des Tages, in dem es am wenigsten Schatten gibt und in dem die Sonne triumphierend im Zenit steht.

Aufgrund dieser Besonderheit haben erst die Griechen, dann die Römer dieser Zeit des Tages eine spezielle Bezeichnung gegeben: *meridies* auf Lateinisch, während Mitternacht »die Mitte der Nacht« genannt wird. Ich möchte darauf hinweisen, dass *meridiari* auf Latein »Siesta halten« bedeutet und dass das französische »méridien«, mittäglich, auf das lateinische *meridianus* zurückgeht und als Adjektiv verwandt wird, wie beispielsweise in dem Ausdruck »diable méridien«, mittäglicher Dämon, aus dem dann später »démon de midi«, Dämon des Mittags, wird. Übrigens ist eine »méridienne« ein Möbelstück, ein Tagesbett für den Mittagsschlaf, das zu Beginn des 19. Jahrhunderts, während der Kaiserzeit Napoleons I., sehr modern war.

Weil also der »Mittag« einen heiklen, gefährlich zu passierenden Moment darstellt, ist diese »einmalige« Stunde nach Servius die Stunde der Erscheinungen – und nach Plutarch die Stunde des Aberglaubens. Keine ernsthafte Angelegenheit kommt während dieser Tageszeit zu einem vernünftigen Abschluss. »Mittag« markiert den Höhepunkt des täglichen Sonnenverlaufes. Daher werden viele mit dem Sonnenkult verbundenen Riten auch zu diesem Zeitpunkt zelebriert. Andere Religionen betrachten die Mittagsstunde als unheilvoll. Der Islam rät dem Gläubigen davon ab, zu dieser gottlosen, den Anbetern der Sonne vorbehaltenen Zeit zum Propheten zu beten. Bei den Azteken gilt der »Mittag« als der beste Moment für Opfergaben. Für zahlreiche indoeuropäische Völker hingegen stellt er die Stunde der Toten, manchmal sogar die des Todes dar.

In der griechischen Mythologie tauchen die Nymphen am »Mittag« auf und versuchen, Pan in ihren Tanz zu ziehen. Roger Caillois vermerkt: »Dergestalt ist die Nympholepsie: Derjenige, der sich zu Mittag dem Tun der Nymphen, ›Göttinnen ohne Schlaf, Furcht erregend für die Landbevölkerung‹, aussetzt, wird von einem heiligen oder prophetischen Wahn erfasst.« An späterer Stelle führt er aus, dass die Nymphen zu dieser schicksalhaften Stunde ihren Zauber aussprechen und dass sodann alle vom Wahnsinn gepackt werden. Der Mittag ist eine gefürchtete Stunde. Sicherlich, die Stadtbewohner sind vor Sonnenbrand und Wahnbefall gefeit, wenn sie im Schatten ihres Hauses Siesta halten – aber was ist mit den Hirten? Darüber hinaus gibt sich Pan der Onanie hin und ermuntert die Hirten, es ihm gleichzutun. Wie sollen sie eine solche Einladung, von einem Gott, zurückweisen? Sie sind einsame Hirten, erschlagen von der Hitze, halb eingeschlafen, von unerreichbaren Lieben träumend und voller Verlangen nach lüsternen Vereinigungen. In ihrem Lexikonartikel über »Pan« gibt Stella Georgoudi wertvolle Hinweise: »Die radikalen Maßnahmen Pans hinsichtlich des Sexuallebens der Hirten sind viel besser verständlich, wenn sie vor dem Hintergrund der erheblichen sexuellen Aktivität des Gottes selbst gesehen werden. Pan ist ein ithyphallischer Gott, ein Wüstling *(lagnos)*, der Liebe zugetan *(erôtikos)*, lüstern wie ein Zuchthengst *(kêlon)*, vor Sperma überquellend *(polusporos)*, der den Nymphen nachstellt – und deren Schreie während ihrer flüchtigen Vereinigung mit dem Gott in den Grotten widerhallen (*Panos gamoi*: Euripides, *Helena*, 190). Er stellt auch den jungen Hirten nach (Pan der „Päderast«), um bei ihnen seine Befriedigung zu suchen, wenn er ohne eine Partnerin ist. Die Selbstbefriedigung, die Pan den Hirten beibringt, ist nach Diogenes dem Zyniker (Dion. Chrysostomos, 6, 203 f. R) vor allem für die Ziegenhirten charakteristisch, deren Lüsternheit sprichwörtlich geworden ist und in krassem Gegensatz zur Enthaltsamkeit der Kuhhirten steht (Theokritos., *Idyllen* I, 86a).« Vergessen wir nicht, dass Pan die Frucht von Penelope und Hermes sein soll, aber eines zum Ziegenbock mutierten Hermes. Daher seine Schwäche für die Ziegen, die er als »der Lust zugetane« Tiere betrachtet. »Mittag« ist auch eine Stunde von großer sexueller Intensität, während derer sich Ströme von Samen ergießen. Wie viele dösende Hirten haben sich von Sirenen besteigen lassen? Wie viele heimliche und lustvolle Kopulationen haben sich auf der blanken Erde zwischen einem Bauern und einem Sukkubus ereignet? Wie viele erotische Träume sind Momenten der Siesta entsprungen, in denen sich das sexuelle Verlangen mit einer mechanischen und befreienden Handbewegung zusammengetan hat, und all das nur bei halbem Bewusstsein? Wie dem auch sei, zahlreich sind die mythologischen Erzählungen, die den »Mittag« mit übernatürlicher Befruchtung assoziieren, mit »unbefleckter Empfängnis«, mit der Verwirrung der Sinne und dem Brechen von

Konventionen. Dieser kurze Schlaf, dieses Stückchen Nacht am helllichten Tag, wird es immer fleischlich sein? Sicher ist, dass diese »frivole« Siesta mehr als nur einen oder eine plagt! Dieser köstliche Moment ist manchmal mit Angst vermischt und löst Panik aus – ein Wort, das, Sie ahnen es, auf »pan« zurückgeht.

Der »Dämon des Mittags« ist das Thema eines Romans von Paul Bourget (Erstveröffentlichung 1914) und hat auch einige Dichter umgetrieben, wie zum Beispiel Charles Leconte de Lisle, dessen »Midi« man in der Sammlung *Poèmes antiques* (Antike Gedichte) nachlesen kann. Leconte wiederum übte Einfluss auf José-Maria de Heredia, als dieser »La sieste« verfasste (veröffentlicht in *Les Trophées*):

Pas un seul bruit d'insecte ou d'abeille en maraude,
Tout dort sous les grands bois accablés de soleil
Où le feuillage épais tamise un jour pareil
Au velours sombre et doux des mousses d'émeraude.

Criblant le dôme obscur, Midi splendide y rôde
Et, sur mes cils mi-clos alanguis de sommeil,
De mille éclairs furtifs forme un réseau vermeil
Qui s'allonge et se croise à travers l'ombre chaude.

Vers la gaze de feu que trament les rayons,
Vole le frêle essaim des riches papillons
Qu'enivrent la lumière et le parfum des sèves;

Alors mes doigts tremblants saisissent chaque fil,
Et dans les mailles d'or de ce filet subtil,
Chasseur harmonieux, j'emprisonne mes rêves.

Kein einz'ger Laut von surrenden Insekten oder Bienen,
Schläft alles unterm großen Walddach – sonnenschwer –,
Wo dichtes Blattwerk einen solchen Tag verschleiert,
Auf dunkelsanftem Samt smaragden Mooses.

Durch die dunkle Kuppel drängend,
streift der prächt'ge Mittag hier umher,
Und formt auf meinen halb geschloss'nen,
schläfrig matten Lidern,
Ein rotes Netz aus tausend flücht'gen Blitzen,
Das sich im warmen Schatten dehnt und spannt.

Hin zu dem Geweb' aus Feuer,
das die Sonnenstrahlen wirken,
Fliegt ein zarter Schwarm von edlen Schmetterlingen,
Berauscht vom Licht und Wohlgeruch der Säfte;

Nun fassen meine Finger zitternd jeden Faden,
Und in den zarten Maschen des Gewebs aus Gold
Fang ich, zufried'ner Jäger, meine Träume ein.

III

Die disziplinierte Zeit

Die Siesta kann wenige Minuten bis mehrere Stunden dauern. Der Begriff ist nicht irgendein Hapaxlegomenon, sondern ein Wort, dessen Bedeutung die Epochen und geografischen Grenzen überschreitet. »Wovon sprechen Sie eigentlich?« »Von der Siesta!« Die Siesta? Schnell in mein Wörterbuch geschaut: »Siesta. f. Wird zunächst gebraucht als *siesta* (1681), dem spanischen *siesta* entliehen, das dem klassischen Latein *sexta* (hora) ›die sechste Stunde‹ entstammt, was so viel bedeutet wie ›die Mitte des Tages‹, ›Mittag‹. Die Römer unterteilten den Tag von Sonnenauf- bis Sonnenuntergang in zwölf unter sich gleich lange ›Stunden‹, die entsprechend der Jahreszeiten variierten.« Weiter unten heißt es, das französische Verb »siester« (1872), »Mittagsschlaf halten«, wäre im Französischen des afrikanischen Kontinents geläufig – was wiederum darauf schließen lässt, dass sein Gebrauch in Frankreich seltener ist. Gleiches gilt auch für »siesteur« und »siesteuse«.

Im Lexikon der Symbole von Jean Chevalier und Alain Gheerbrant wird die »Sechs« in der Apokalypse mit der Sünde in Verbindung gebracht. Außerdem ist sie die Zahl Neros, des sechsten Kaisers, und auch die der Schöpfung – schließlich schuf Gott den Himmel und die Erde, die Tiere und die Pflanzen, den Mann und die Frau und so fort in sechs geschäftigen Tagen! Weiterhin bezeichnet die »Sechs« die Anzahl der Seiten des Hexagons, das in der Sprache der Hindu die »Penetration der *yoni* durch den *linga*« bedeutet, »das Gleichgewicht von Feuer und Wasser, Symbol der schöpferischen Kraft *(rajas)*, die die der Offenbarung ist«. Es ist auch die Zahl des Davidsterns mit seinen sechs Zacken, Sinnbild des Makrokosmos. Den Maya ist der sechste ein unheilvoller Tag, der den Tod ankündigt, während er bei den Bambara die Möglichkeit bedeutet, ein männliches Zwillingspärchen zu bekommen (3+3).

Wie die meisten magischen Zahlen und Symbole ist auch die »Sechs« ambivalent besetzt. So kann die sechste Stunde, der »Mittag«, für den Christen das Gebet ankündigen; genauso kann sie jedoch der Zeit nach dem Essen entsprechen und nach der Siesta verlangen! Tatsächlich nimmt man bis zum Beginn des 17. Jahrhunderts im Okzident eine morgendliche Mahlzeit gegen zehn Uhr ein, das heißt, der Mittag folgt erst noch auf das Essen. Während des 17. und 18. Jahrhunderts wird dann die Mahlzeit zwischen elf und zwölf Uhr serviert, und erst in der städtischen Welt Mitte des 19. Jahrhunderts verschiebt man sie in die Zeit zwischen zwölf und ein

Uhr, was wiederum die Stunde der Siesta nach hinten verschiebt.

Die »Sexta« (12 Uhr) ist eines der vier Stundengebete am Tag; daneben gibt es die »Prima« (6 Uhr), die »Tertia« (9 Uhr) und die »Nona« (15 Uhr). Tertullian begründet die letzten drei dieser täglichen Andachten folgendermaßen: »Zum ersten Male wurde der Heilige Geist auf die versammelten Jünger ausgegossen um die dritte Stunde. An dem Tag, als Petrus durch jenes Gefäß die Vision von der Gemeinsamkeit hatte, war er um die sechste Stunde in das obere Stockwerk hinaufgestiegen, um zu beten. Derselbe ging mit Johannes um die neunte Stunde nach dem Tempel, wo er dem Gelähmten seine Gesundheit wiedergab.« Die christliche Liturgie beginnt am Abend, gemäß des Spruches in der Genesis: »Da ward aus Abend und Morgen der erste Tag.« (1. Moses, 5) Deswegen wird die Geburt des Tages geehrt. Die *Frühmette* läutet um Mitternacht, gefolgt von den *Laudes* um drei Uhr morgens. Um sechs Uhr kündigt dann die *Prima* die Messe und den Beginn des Tages an. Dieser ist von Sonnenauf- bis Sonnenuntergang wiederum in zwölf von Region zu Region mehr oder weniger identische Stunden, nach Jahreszeit variierend, aufgeteilt. *Prima*, *Tertia*, *Sexta*, *Nona* und *Vesper* richten sich an alle Christen, auf dem Land und in der Stadt, während *Mette*, *Laudes* und *Komplet* im Besonderen die klösterliche Welt betreffen. Die Regel des Heiligen Benedikt (6. Jh.) schreibt den Mönchen die Siesta nach dem Mittagessen vor, insbesondere von Ostern bis Oktober – und ist überhaupt um den Schlaf der Mönche besorgt, die zwischen sechs und acht Stunden am Stück ruhen konnten. So streng das Leben im Kloster auch geregelt war, gestand es doch einige Zeitbröckchen zu, die der Mönch für sich zählen konnte wie die Perlen im Rosenkranz.

Nach Auffassung des amerikanischen Technikhistorikers Lewis Mumford ist »die Schlüsselmaschine des modernen industriellen Zeitalters nicht die Dampfmaschine, sondern die Uhr«, was wiederum dem Kapitalismus eine andere Chronologie beimisst. In den bedeutenden Städten der Christenheit trat die mechanische Uhr während des 13. und 14. Jahrhunderts die Nachfolge der *Kleps(h)ydra* an (vom lateinischen *clepsydra*, Übersetzung des griechischen *klepsudra*, »Wasserdiebin«: eine hydraulische Uhr). Diese erste Uhr hatte zwar weder einen Rahmen noch Zeiger, aber sie besaß eine Glocke, die jede Stunde schlug. Allmählich zwingt diese Regelmäßigkeit der vergehenden Zeit den menschlichen Rhythmen eine Disziplin auf und regelt die Stunden der Arbeit. Unter den führenden städtischen Schichten verbreitet sich die Unterteilung einer Stunde in 60 Minuten und einer Minute in 60 Sekunden wahrscheinlich um das Jahr 1345 herum. Somit wurde die Zeit des Einzelnen – bestimmt durch den Herzschlag, das Atmen, seine Aktivitäten und so weiter – durch eine homogene und abstrakte Zeit ersetzt, eine allen gemeinsame Zeit wurde zum Bezugspunkt. »Wenn man den Tag als eine abstrakte, verwertbare Zeitspanne betrachtet«, führt Lewis Mumford weiter aus, »dann wird man sich an den Winterabenden nicht mit den Hühnern schlafen legen; man erfindet die Kerzen, die Schornsteine, die Gasbeleuchtung, die Glühbirnen, um alle Stunden des Tages nutzen zu können. Betrachtet man die Zeit nicht als eine Aneinanderreihung von individuellen Erfahrungen, sondern als eine Sammlung von Stunden, Minuten, Sekunden, dann gewöhnt man sich an, diese zu vermehren oder zu sparen.« Indem er sich von den »natürlichen Zyklen« wie dem Tag und der Nacht, den Jahreszeiten, den Zeiten des Lebens und Ähnlichem befreite, unterwarf sich der Städter dem Zwang der Zeit, wie sie durch den unerbittlichen Automaten festgelegt wurde. Im Lauf der Jahrhunderte miniaturisierte sich die – allerdings auch nicht immer unfehlbare – Uhr, die oben am Glocken- oder Wachturm hing, wurde zur häuslichen Pendeluhr und schließlich zur individuellen, immer weiter perfektionierten Taschen- und Armbanduhr. Sich eine Uhr anzuschaffen bedeutete nicht nur, sich mit einem sozialen Unterscheidungsmerkmal zu schmücken, sondern auch, Werte anzuhäufen – und wenn nötig, konnte man seine Uhr als Pfand hinterlegen.

Während sich zuerst nur betuchte Bürger Uhren leisten konnten, »demokratisierte« sich der handliche Zeitmesser im industriellen Europa seit Ende des 18. Jahrhunderts – als William Pitt in England beschloss, sie zu besteuern. Eine sehr unpopuläre Entscheidung, die hauptsächlich Wut, aber manchmal auch (Galgen-)Humor hervorrief, wie das folgende Lied zeigt, das der *Morning Chronicle* am 18. Dezember 1797 abdruckte:

»Wenn er Ihr Geld nimmt – bleiben Ihnen immerhin noch Ihre Unterhosen

Und Ihre Hemdzipfel, wenn er sich Ihrer Unterhosen bemächtigt

Und Ihre Haut, wenn die Hemden ebenfalls dahingehen

Und Ihre Füße, wenn er Ihre Schuhe nimmt.

Was also bedeuten schon die Steuern – *Wir haben die holländische Flotte besiegt!*«

Der Minister schlug einige Abänderungen vor, wie diejenige, einen Haushalt erst ab der zweiten Uhr zu besteuern. Die ganze Maßnahme dauerte nur wenige Monate. Die Uhr aber setzte sich als ein unentbehrliches Gut für jedermann durch. Selbst die Ärmsten bemühten sich, eine zu erwerben – notfalls auf Kredit, dank der so genannten Uhrenclubs. Und schließlich lässt sich eine Sache, die man kaufen kann, genauso leicht auch wieder verkaufen oder in Zahlung geben. Der britische Historiker E. P. Thompson erzählt folgende Anekdote: »›Diese Uhr‹, sagte ein Londoner Schriftsetzer in den 1820er Jahren, ›hat mich nur einen Fünfer gekostet, als ich sie das erste Mal kaufte. Ich habe sie mehr als zwanzigmal im Leihhaus in Zahlung gegeben und insgesamt mehr als vierzig Pfund daraus gemacht. Eine gute Uhr. Ein wahrer Schutzengel, wenn man blank ist.‹«

Aber eine Uhr hat nur einen Wert, weil die mechanische Zeit, die der Maschine, die unserer Moderne, das gesamte soziale Leben organisiert und den Einzelnen in ihr Korsett zwingt. Die industrielle Disziplin verlässt die Grenzen der Fabrik und diktiert jedem Einzelnen mehr und mehr den Gebrauch seiner Zeit. Schluss mit dem Unvorhergesehenen, dem Ungeplanten, der Überraschung. Von jetzt an hallt das Motto »Eine Stunde ist eine Stunde« wider wie ein Befehl, und jenseits dieser unflexiblen Regel gibt es kein Pardon! Außer für die Kinder, die noch – aber für wie lange? – den Weg der Schüler gehen … und die Schule schwänzen.

Der Mediävist Jacques Le Goff stellt dar, wie die Kirche, die der gesamten mittelalterlichen Gesellschaft ihre liturgische Zeit aufgezwungen hat, indem sie das Leben durch den Klang ihrer Glocken rhythmisierte (der Glockenturm ist eine Erfindung des 6./7. Jahrhunderts), vom 13. Jahrhundert an Konkurrenz bekommt – durch die »Zeit der Händler«: die weltliche Zeit, die Zeit der bezahlten Arbeit, die urbane Zeit par excellence. Er verweist auf einen nicht ausreichend erforschten Umstand: »Die bedeutsame Verschiebung der als *Nona* bezeichneten

Stunde – im hohen Mittelalter die Zeit der Pause und der Mahlzeit um etwa 14 Uhr herum – auf den Mittag. So entsteht auf der urbanen Baustelle im 14. Jahrhundert eine neue Einheit für die konkrete Zeitmessung: der halbe Tag.« Vergessen wir bei alledem aber nicht, dass sich diese Verschiebungen, diese Aufteilungen und der scheinbare Konflikt zwischen der liturgischen Zeit und der Zeit des Kommerz, der Reisen, der handwerklichen Produktion und so weiter eher miteinander verbinden, als dass sie sich widersprechen. Die Wirklichkeit ist unglaublich komplex, abwechslungsreich und vielfältig. Das bezieht sich nicht nur auf ein und denselben Kontinent, auf dem die Tage unterschiedliche Länge haben können, sondern selbst auf eine Region oder nur ein Stadtviertel! Wenn auch zugegebenermaßen immer seltener, so ist es doch bis heute noch möglich, gleichzeitig die Glocken einer christlichen Kirche zu hören, den Ruf des Muezzin zum Gebet vom Minarett einer Moschee herab, die Feuerwehrsirene am Samstagmittag – kurzum: den Ausdruck der verschiedenen »Zeiten«, ob religiös oder nicht, die gemeinsam denselben Raum erfüllen.

Mumford, Le Goff und Thompson, um nur diese drei Historiker zu nennen, betonen immer wieder, dass die Heterogenität des Prozesses rationaler Organisation der produktiven Zeit – die Industrialisierung und die bezahlte Arbeit – im Schoße ein und derselben Gesellschaft verortet ist. Auch das Land bleibt nicht unberührt von der weltlichen Zeit der Händler und Manufakturbesitzer, die die »Heimarbeit« ins Leben rufen. Jeder lebt in verschiedenen Zeiten zugleich: der Zeit der Stadt, der Zeit der Arbeit (in den Fabriken wie auf den Feldern), der Kulte und des Glaubens, der Zeit der Gemeinschaft (der Familie, des Dorfes, des Viertels etc.). »Von 1700 an«, notiert E. P. Thompson, »entdecken wir die uns bekannte Landschaft des industriellen Kapitalismus, diszipliniert durch Anwesenheitslisten, Zeitnehmer, Messgeräte und Geldstrafen.« Es gibt bereits »Spitzel-Uhren«, die träge oder verspätete Arbeiter verpetzen. Das Gleichziehen auf dem Lande wird zwar behutsamer, aber genauso unerbittlich vonstatten gehen wie in der Stadt. Die Menschen arbeiten »verstreut« auf den Feldern, und ihre Aktivitäten sind weniger leicht in Zeit zu messen. Das erschwert natürlich zunächst die Kontrolle. Doch die Mechanisierung der Landarbeit erleichtert die Übernahme strengerer Arbeitspläne und die Definition von Rentabilitäts- und Produktivitätsnormen zunehmend. Der gemütlich dahinspazierende, ein Mittagsschläfchen haltende, träumende, aber selbstverständlich auch arbeitende Bauer kann seinen Tag nicht mehr nach seinem eigenen Ermessen organisieren. Auch er muss einer von außen diktierten Disziplin gehorchen, einer Disziplin, die seiner Daseinsweise völlig fremd ist. Lange konnte die Feldarbeit dem Ticktack der Uhren entkommen und erlaubte es dem Bauern, seine eigene Zeit der Zeit der Natur anzupassen. Ohne mit der gesamten kritischen Analyse der Technik von Jean Giono in seinem bemerkenswerten Buch *Poids du Ciel* (Gewicht des Himmels) übereinzustimmen, möchte ich doch folgende Äußerung wiederholen, auch wenn einige der verwendeten Begriffe ein wenig präzisiert werden müssten: »Der natürliche Gebrauch des Lebens ist leben. Leben bedeutet, die natürliche Freude zu suchen. Freude ist weder ein soziales noch ein technisches Produkt. Sie ist ein ganz individuelles Produkt, das derjenige, der reich an natürlichem Reichtum ist, eher als ein anderer bekommt und es behält, solange seine Materie Raum und Zeit eines Menschen ausfüllt. Der Mensch lebt in freien Dimensionen.« Eine dieser »freien Dimensionen« ist sicherlich die Siesta. Sie gehört zu dem, was diese »Dimensionen« ausmacht. Sie ist eine jener Freiheiten, eine jener Möglichkeiten. Dieser Knick in der geraden Linie der bezahlten Arbeit ist das Zeichen eines Risses. Eines Umweges. Eines »Nebenan«. Die Siesta ist ein »Nebenan« der definierten, obligatorischen, mechanischen Tätigkeiten.

Das Originäre, das jeder in seiner Arbeit zu realisieren wünscht, hängt zu einem großen Teil von der Fähigkeit ab, Herr über seine eigene Zeit zu bleiben. Innerhalb der Zeit der bezahlten Arbeit müssen Sie notwendigerweise Rechenschaft über ihren Inhalt ablegen. Ihrem Arbeitgeber geht es darum, dass Sie so produktiv wie möglich sind, dass jede tote Zeit vermieden wird – die organisatorischen Meisterleistungen des Ingenieurs Taylor sind bekannt, um alle Unterbrechungen im Arbeitsgang zu verhindern, die ihm einem Appell zum Müßiggang gleichkommen. Und der Angestellte versucht mit allen Mitteln, hier und da ein wenig von der Zeit zu erhaschen, die er verkauft, die er verschleudert, die er verliert – für eine nicht immer lohnende Arbeit.

Mit dem Aufkommen der ersten Arbeitspläne formieren sich auch die ersten Streiks und erheben sich erste Forderungen im Namen einer besseren »Arbeitszeit«. Die soziologische Literatur und die Zeugnisse über die Akkordarbeit – und allgemeiner über die von Taylor ins Leben gerufene und seitdem fortentwickelte »wissenschaftliche Organisation der Arbeit« – sind fast unüberschaubar und lassen sich, oh wie symbolisch, im Filmplakat zu Chaplins *Moderne Zeiten* zusammenfassen: ein Arbeiter, verwandelt in ein Rädchen innerhalb einer ganzen Maschinerie aus Rädern, der er völlig untergeordnet ist. Das Getriebe erinnert an den Mechanismus einer Uhr. Die industrielle Zeit nährt sich von den individuellen Zeiten derjenigen, die in der Fabrik die Stechuhr bedienen müssen. Zahlreich sind die Revolten gegen diese auferlegte Zeit – von den ersten »modernen« Streiks im Florenz des 14. Jahrhunderts über den Protest gegen die so genannten Werkglocken der mittelalterlichen Tuchmacherstädte, die die Arbeitszeiten recht großzügig veranschlagten, bis in unsere Tage. Die Zeit nach dem Mai 1968 ist geprägt durch Filme, Romane und Slogans, die diese nur des ökonomischen Profits wegen konfiszierte Zeit anprangern – und durch die gemeinschaftlichen Versuche, *anders* zu arbeiten, um seine Zeit *anders* zu leben. Aber unsere Art zu leben ist dermaßen stark von dieser Kultur der Arbeitszeit durchdrungen, dass es ungehörig erscheint, sich für eine Siesta daraus zurückziehen! Die zahlreichen Vorschläge zum Umbau und zur Reduzierung der Arbeitszeit lassen bei Politikern, Unternehmern und selbst bei manchen Gewerkschaftern und Arbeitnehmern nach wie vor die Alarmglocken läuten. Selbst wenn das kapitalistische Produktionssystem zur Stunde der »neuen Technologien« die lohnabhängige Arbeit in ihrer bisherigen Form infrage stellt und versucht, diese durch eine »flexible Arbeit« zu ersetzen – das heißt dem Rhythmus der Produktion und der Konsumierung dieser Produkte angepasst (die Dienstleistungszeiten entsprechen immer weniger der Regelung der »fordistischen« Epoche, sondern reagieren auf die neuen Forderungen der »Konsumenten«, die ihrerseits selbst nicht mehr nach den gleichen Zeitplänen leben ... so sind die Geschäfte unter der Woche und selbst am Sonntag länger geöffnet) –, selbst dann wäre die Wiederanpassung der »erzwungenen Zeit« an die »persönliche Zeit« nicht nur nicht systemkonform – sie bleibt unvorstellbar. Einmal mehr hinkt die Theorie der Praxis – um eine Siesta! – hinterher und bleibt hinter der in den meisten postindustriellen Ländern längst begonnenen Mutation zurück.

André Gorz hat diese Veränderung in seinem Essay *Arbeit zwischen Misere und Utopie* in bemerkenswerter Weise dargestellt. Er führt aus, dass es sich nicht um eine »Krise« der Arbeit handelt, was auch kaum Sinn machen würde, da Arbeit ein konstituierender Teil unserer selbst ist, und dass es an Arbeit an sich – verstanden als ein »Handeln«, ein »Tun« – nicht fehlen wird. Vielmehr handelt es sich um eine tief greifende und sicher irreversible Transformation der Lohnarbeit. Es ist die Arbeit nach dem Schema *Auf-Dauer-vollzeitbeschäftigter-Lohnempfänger*, die durch die Modifikation der Produktionsbedingungen ins Wanken kommt. Das »Kapital« als Produktionsfaktor engagiert und amortisiert sich nicht mehr in dem Maße wie zur Epoche des blühenden industriellen Kapitalismus. Faktisch kann auch die »Arbeit«, ebenfalls als Produktionsfaktor verstanden, in einem solchen tief greifend veränderten Kontext nicht mehr dieselbe Funktion erfüllen. Die Auswirkungen – auch die verhängnisvollen Folgen – der »neuen Technologien« gehen über die Argumentation der liberalen Wirtschaftpolitik hinaus, entziehen sich ihr und streifen, gleich einer Welle, die an einen Sandstrand schwappt, das Kulturelle, die regionalen Traditionen, das Informelle. In anderen Worten: Die mit der Verbreitung der Informations- und Kommunikationstechnologie verbundene Wirtschaft geht nicht mehr in den von den ökonomischen Wissenschaften (!?) gegebenen Erklärungen auf, sondern findet gewisse Erklärungsmomente im »Nicht-Ökonomischen«.

Hier trifft André Gorz auf Gemeinsamkeiten mit Ivan Illich, der sich seit einigen Jahren darum müht, das Konzept des »Un-Wertes« populär zu machen. Mit diesem Begriff bezeichnet er, was sich dem ökonomischen Kalkül entzieht, nichtsdestoweniger aber wesentlich für das Leben ist. Wenn nun Ivan Illich ein den Wörterbüchern unbekanntes Wort gebraucht, so geschieht das nicht nur, um ein Manko zu überbrücken, sondern auch, um mit einer Denkweise zu brechen. Er schreibt: »Das Konzept des Un-Wertes verspricht, die zwischen dem sozialen und dem physischen Verfall bestehenden Gemeinsamkeiten und Widersprüche zu zeigen. Während die physische ›Arbeit‹ dazu neigt, die Entropie zu steigern, beruht die ökonomische Produktivität der Arbeit auf der vorangehenden Entwertung der traditionellen Aktivitäten im Schoße einer Kultur. Abgang und Verfall werden dabei gewöhnlich als Sekundäreffekte der Produktion von Werten betrachtet. Ich bin hier genau umgekehrter Meinung. Ich unterstütze die These, dass ökonomischer Wert sich nur aufgrund der vorangehenden Verwüstung von Kultur – die auch als eine Schaffung von Un-Wert betrachtet werden kann – anhäuft.«

Um uns von der Logik der Ökonomie und dem arroganten Diskurs ihrer Lobredner zu befreien – der kaum im Stande ist zu erklären, was die generelle Verbreitung der »neuen Technologien« in allen Gesellschaften dieser Erde bewirkt –, trifft Ivan Illich die Vorsichtsmaßnahme, seine Reflexion über den »Un-Wert« mit einer Analyse der »Kommunalien« und einer Besprechung der »Segnungen« zu begleiten. »Die ›Kommunalien‹«, führt er aus, »sind jene Bereiche der Umwelt, für die das Gewohnheitsrecht bestimmte Formen gemeinschaftlichen Respekts durchgesetzt hat.«

Ein Beispiel für die Kommunalien aus unserer Epoche? Die Stille. Ja, die Stille könnte uns von einer Maschine genommen werden, die in der Lage ist, sie zu imitieren, ihre Erscheinung zu verbessern, die wirkliche Stille durch einen Ersatz zu töten; auf dieselbe Art und Weise, wie eine Maschine die Stimme ihres Besitzers übernehmen kann, sie aufnehmen, aussenden, vervielfältigen kann; auf dieselbe Art und Weise, wie eine Maschine etwas speichern kann, das wir nicht vergessen wollen. Ich füge ein anderes Beispiel hinzu: die Siesta. Hier haben wir ein winziges Stück Savoir-vivre – unbedeutend, banal, alltäglich, gewöhnlich –, das Gefahr läuft, institutionalisiert zu werden, vorgeschrieben, vergütet, ärztlich verordnet, versteuert, gelehrt, professionalisiert! Was die

»Segnungen« angeht – sie gehören zum Register des Kulturellen und werden durch das Ökonomische verschleiert, das sie in ihrem Wert herabsetzt, um sich ihrer besser entledigen zu können. Ein Beispiel? Illich führt das einer japanischen Familie an, die sich von der Großmutter trennt und sie in ein Heim gibt, wo sie »medizinisch versorgt« wird – und so unwiederbringlich einige Segnungen verliert, die das ganze Spektrum »von unbändigem Lachen bis zu bitteren Tränen« abdecken. Ich würde noch hinzufügen: Die Siesta an sich ist ein »Un-Wert«, doch das Wohlempfinden, das sie gestattet, das Ausruhen, das sie verschafft, die Träume, die sie empfängt wie ein Überraschungsgeschenk, gehören zu den »Segnungen«. Eine Zeit für nichts? Aber dieses »Nichts« ist wahrlich gesegnet! Und eine solche Zeit hat sehr wohl einen Wert, aber eben keinen Preis, wie die Kunst gemäß Jean Duvignaud. Durch den Mittagsschlaf erobert man sich einen Teil seiner eigenen Zeit zurück, jenseits aller zeitlichen Kontrollen. Die Siesta ist emanzipatorisch.

IV

Eine Zeit für sich

Mein Großvater mütterlicherseits hielt fröhlich Mittagsschlaf. Er hatte dabei jedoch weder etwas von einem Sonderling noch von einem Mönch: Er organisierte seine Zeit, indem er sie genoss, indem er vielleicht besser als wir ihre Dichte ermaß. Er war nicht der Einzige. Die Lektüre des *Tagebuch* von André Gide oder des von Thomas Mann bestätigt uns die Bedeutung der Siesta für diese Männer, die im 19. Jahrhundert geboren wurden. Gleiches scheint aber auch für zahlreiche Personen zu gelten, die die Romane von Jorge Amado, Yachar Kemal, Tewfik El Hakim, Miguel Angel Asturias und Rabindranath Tagore bevölkern. Die Siesta ist ein entscheidender Moment: um sich zu sammeln, nachzudenken, zu träumen, zu genießen oder zu schlafen. Heilsame Siesta. Eine Ruhepause, die Entspannung bringt. Man hat sie oft mit klimatischen Gründen gerechtfertigt: Die Mittagshitze zwinge zur Inaktivität, triebe die Menschen ins Café, um Domino zu spielen, einen Tee zu schlürfen und eine Wasserpfeife zu rauchen; oder dazu, sich im Schatten eines großen

Baumes oder in der Kühle eines abgedunkelten Zimmers auszustrecken. Aber in Wirklichkeit handelt es sich vielmehr um eine quasi universelle Lebenskunst oder doch wenigstens um eine Lebenskunst, die allen Gesellschaften, in denen die kapitalistische Ökonomie und ihre Rationalität (»Time is money!«) noch nicht in jeden Winkel des Alltäglichen vorgedrungen sind, gemeinsam ist, ganz egal, wie brutal nun die Sonne herabbrennen mag. Tolstoi gibt sich mitten im russischen Winter mit Genuss dem Ritual der Siesta hin. Für den Leser wäre es ermüdend, eine – nicht einmal erschöpfende – Liste der Autoren aufzustellen, die mehr oder weniger ausgiebig die Siesta erwähnen. Man kann nur staunen, wie häufig das Wort »Mittagsschlaf« in Romanen, Tagebüchern, Briefsammlungen und Ähnlichem vorkommt. Wie viele Helden und Heldinnen schlafen nach dem Essen für einige Augenblicke? Wie viele Romanciers organisieren ihren Schreibtag um diesen essentiellen Orientierungspunkt herum? Die Parole lautet: Die Siesta, die du heute kannst besorgen, die verschiebe nicht auf morgen.

Die lange Geschichte des Mittagsschlafs und seine Ausübung in zahlreichen nicht völlig modernisierten Gesellschaften könnten glauben machen, dass es sich hier um eine Gewohnheit handelt, die dazu bestimmt ist, mit den letzten Zeugen dörflicher Tradition selbst unterzugehen. Doch die Siesta ist genauso ein städtisches Phänomen, und in einer

Welt, die sich mit großen Schritten urbanisiert, darf man die Zeit, die ein Mittagsschlaf beansprucht, schon einfordern. Eine weitergehende Frage drängt sich auf: Wie und worin verändert die Urbanisierung der Sitten und Bräuche die Rhythmen des täglichen Lebens? Der Städter lebt mehrere Zeiten zugleich: die der Verwaltung und Dienstleistungen mit ihren Öffnungszeiten; die seines Unternehmens mit den entsprechenden Zeitplänen; die der Schule mit ihrem wöchentlichen Stundenplan und ihrem Ferienkalender; die der Veränderungen in seiner – bebauten oder nicht bebauten – Umwelt; und schließlich die Zeit des Städters selbst mit seinen Erwartungen, seinen Hoffnungen, seinen Enttäuschungen, seinen Auszeiten und Ähnlichem. Die moderne Stadt, wie sie aus Industrie und mechanischen Transportmitteln geboren wurde, ist ein permanenter Strudel, der Beziehungen, Austausch, Begegnungen unentwegt erneuert. Baudelaire berauschte sich an den ununterbrochenen Strömen von Menschen und Dingen in der Stadt – und wurde dessen überdrüssig. Die moderne Stadt ist eine komplexe *Maschine*, die toten Zeiten misstraut. Mehr noch als im Raum hinterlässt sie ihre Spuren in der Zeit: Regelmäßigkeit, Pünktlichkeit, kalkulierte Flexibilität, Wiederholung, Zyklen etc. Die Zeit des Alltags wird modelliert durch die Ansprüche der zahlreichen urbanen Betätigungen. So hat die Eisenbahn beispielsweise ihre Zeit Stück für Stück auch anderen Aktivitäten jenseits des Transportes, des »Zirkulierenlassens« aufgedrängt. Die Bahnhofsuhr zieht alle Blicke auf sich und dient als Bezugspunkt. Die notwendige Harmonisierung der Zeiten sowohl zwischen den einzelnen Städten eines Landes (im Jahre 1891 wird die Zeit von Paris in Frankreich nationale Zeit) als auch zwischen den Bahnhöfen verschiedener Nationen, um den Transport von Menschen und Waren regulieren zu können, zwingt die verschiedenen Staaten dazu, sich eine Referenz-Zeit zuzulegen. Nicht ohne Schwierigkeiten und erst nach einigem Hin und Her nehmen die europäischen und amerikanischen Eisenbahngesellschaften im Jahre 1882 den Meridian von Greenwich als gemeinsame Referenz an und gleichen ihre Zeiten ab. Ständig durch verschiedene Temporalitäten beansprucht, verliert der Städter die Kontrolle über seine eigene biologische und gelebte Zeit. Er akzeptiert – wie sollte er sich dem auch widersetzen? –, seine Zeit gemäß den Rhythmen »der« Gesellschaft und besonders denen der Wirtschaft (Börse, Märkte, Unternehmen, Produktionsketten etc.) zu organisieren. Das frappierendste Beispiel dieses Sieges der ökonomischen über die biologische Zeit, egal welches Menschen, ist das System der Schichtarbeit: das Walzwerk, der Hochofen, die Montagebänder triumphieren über den »Ur-Rhythmus« eines jeden Einzelnen. Die enorme Flut der Literatur, die sich seit den 30er Jahren des 20. Jahrhunderts den »Rhythmen« gewidmet hat – ich denke da an Arbeiten von Medizinern über die Rhythmen des menschlichen Körpers und jedes seiner Organe, über die Rhythmen des Sexuallebens und des Schlafs und an die Arbeiten zur Chronobiologie –, verkennt jedoch die Vielfalt der urbanen Zeiten. André Missenard zum Beispiel beunruhigt in *À la recherche du temps et du rythme* (Auf der Suche nach der Zeit und dem Rhythmus) der Gedanke an das »wahrscheinliche Auftauchen eines ganz neuen Typus von Städter«, der sich durch »das Übermaß von Stimulation, verbunden mit der ständigen Erregung aller Sinne im pulsierenden Leben der neuen Stadt«, vom ursprünglichen Typus stark unterscheiden könnte. Es ist die ewige Feststellung, dass die moderne Stadt die Stadt aller Geschwindigkeiten ist; die Stadt der Massen, die Gehwege und Straßen bevölkern; in der unvorhergesehene Veränderungen stattfinden und die Sinne überreizt werden, was wiederum die »Nerven« aus dem Lot bringt und »Ängste« nach sich zieht – der amerikanische Arzt George M. Beard nannte dies in seinem Buch *American Nervousness* 1881 »Neurasthenie«. Dieser Druck, den das urbane Leben auf jeden von uns ausübt, äußert sich in *Stress* – ein englisches Wort, das eine »Überbeanspruchung« bezeichnet und vom altfranzösischen *destrece* abgeleitet wird, was so viel wie »Verzweiflung«, »Bedrängnis«, »Not« bedeutet. Die Siesta ist ein exzellentes Gegenmittel gegen diese anonyme und für unser physisches und mentales Gleichgewicht zerstörerische Aggression.

In *Les rythmes dans la vie spirituelle* präzisiert Gustave Thibon 1947 den Gedanken des Rhythmus, nachdem er bedauernd das geringe Interesse der Philosophie daran konstatiert hat: »Es ist hier ganz wichtig, den Rhythmus, der ein lebendiges Phänomen ist, nicht mit seinen mechanischen Imitationen zu verwechseln. (...) Mechanische Abfolgen führen zu Identischem, während Abfolgen von Lebendigem zu Ähnlichem führen. Der Takt wiederholt, der Rhythmus erneuert. Natürliche Zyklen beinhalten immer eine Marge des Unvorhersehbaren. Und diese Marge vergrößert sich, je höher man in der Hierarchie der Phänomene steigt. Man kann mit Präzision die Bewegung der Gestirne berechnen, während die biologischen, psychologischen und historischen Zyklen niemals exakt rekonstruierbar sind und bei jeder Veränderung ein Element absoluter Neuheit beinhalten.« Der Schlaf der Nacht und des Tages – so auch der der Siesta – entzieht sich genau solcher Regelmäßigkeit und hängt von zahlreichen, nicht immer identifizierbaren Faktoren ab.

Aber Gustave Thibon ist ein wenig streng mit der Philosophie. Denn Philosophen wie Jean-Marie Guyau, dann Henri Bergson, Gaston Bachelard und Vladimir Jankelevitch haben sich vor dem Zweiten Weltkrieg – über den Umweg der Frage nach »Zeit« und »Dauer« – für den »Rhythmus« interessiert, während sich in Deutschland der »unorthodoxe« Philosoph Georg Simmel in seinen Studien über das

Individuum in der Großstadt sogar ganz *explizit* mit den urbanen Rhythmen beschäftigt hat. Dazu beschreibt er »die Steigerung des Nervenlebens« des Städters und erklärt: »Indem die Großstadt gerade diese psychologischen Bedingungen schafft – mit jedem Gang über die Straße, mit dem Tempo und den Mannigfaltigkeiten des wirtschaftlichen, beruflichen, gesellschaftlichen Lebens –, stiftet sie schon in den sinnlichen Fundamenten des Seelenlebens, in dem Bewusstseinsquantum, das sie uns wegen unserer Organisation als Unterschiedswesen abfordert, einen tiefen Gegensatz gegen die Kleinstadt und das Landleben, mit dem langsameren, gewohnteren, gleichmäßiger fließenden Rhythmus ihres sinnlichgeistigen Lebensbildes.« Denkt er hier an die Siesta, die von den Dorfbewohnern ganz selbstverständlich praktiziert wird und die sich in der Stadt verliert? Die Arbeit seines Freundes Gaston Roupnel kommentierend, kommt Gaston Bachelard in seinem Essay *L'Intuition de l'instant* (Die Intuition des Augenblicks) auf mehr philosophische als anthropologische Art und Weise dahin, den Augenblick der Dauer vorzuziehen, das Zufällige der Wiederholung, dem Ständigen, dem Messbaren. Für ihn ist die Dauer unabänderlich heterogen, sie ist, wie er so schön sagt, »ein Staub aus Augenblicken«. Wenn ich Bachelard lese, so ist für mich die Siesta dieser niemals identische Augenblick, der meinen Alltag formt, eine Gewohnheit im Sinne »einer immer wieder neu vollzogenen Handlung«. Die Zeit, verstanden als eine unvollendete und pausenlos neu begonnene Schöpfung unseres »Seins«, besteht in und durch ihre ständige Veränderung selbst fort, mit dem Zufall des Augenblicks; ist unvorhersehbar und dennoch stets gegenwärtig.

Inspiriert durch *La Rythmanalyse* von Lucio Alberto Pinheiro dos Santos, ersinnt Gaston Bachelard eine rhythmusanalytische Methode, um die unendlichen chronologischen Möglichkeiten des menschlichen Wesens besser einkreisen zu können. Das menschliche Leben resultiert aus einer – in der Anordnung nicht immer einsichtigen – Abfolge von Erfahrungen. In *La Dialectique de la durée* (Die Dialektik der Dauer) schreibt er: »Indem er eine Form erzeugt, erzeugt der Rhythmus oftmals eine Materie, eine Energie. Die Materie ist nicht im Raum verbreitet, der Zeit gegenüber gleichgültig; sie besteht nicht völlig konstant, völlig unbewegt, in einer gleichförmigen Dauer weiter; sie *existiert*, in der ganzen Kraft dieses Begriffes, in Bezug auf den Rhythmus.« Eine solche *Existenz* besteht in einer Dialektik aus Spannung und Entspannung, im Wechsel von lebhaften und ruhigen Perioden, von Antrieb und Ruhepause. Im Sinne Bachelards kann die Ruhepause »bebend« und die Aktivität »passiv« sein, aber jede »Erfahrung« ist einzigartig und ihre Wiederholung nur scheinbar, da sie notwendigerweise das Ende von etwas markiert. Das, was bleibt – nicht immer wahrnehmbar –, ist das Erbe unserer Kindheit. Sie, die Kindheit, lagert dort – und manifestiert sich ohne Vorwarnung. Weil unser »Sein« ein Geheimnis ist, das sich unserem Verständnis manchmal ganz unvorhergesehen offenbart, muss die Untersuchung unserer Rhythmen eine analytische oder gar selbstanalytische Methode sein. In seinem *Lautréamont* erklärt Bachelard: »Die Rhythmusanalyse sucht systematischer als die Psychoanalyse nach dem dualen Antrieb für die geistige Aktivität. Sie trifft ebenfalls die Unterscheidung von unbewussten Tendenzen und bewussten Anstrengungen, aber sie tariert das Gleichgewicht der gegenpoligen Tendenzen, die doppelte Bewegung der Psyche besser aus, als es die Psychoanalyse vermag.« Die Vorstellungskraft entziffert dieses Paradox: eine Bewegung, die vorgibt, gerade ihr Gegenteil zu sein, oder eine Starrheit, die sich in Bewegung setzt. Dies findet Bachelard in der Poesie von Mallarmée: »Es ist nicht selbstverständlich, dass alles, was wächst, sich auch aufrichtet, sei es der Flieder im April. Wenn man nun denkt, das der Frühling bei Mallarmée vor allem eine Sehnsucht des lichten Winters ist, dann fühlt man sich geneigt zu träumen, dass dieses *Wachstum* ein noch unterirdisches ist, dass es das Leben einer Wurzel führt. Die Zeit zu gedeihen ist noch nicht gekommen. Man muss noch *warten*, warten am Abgrund, oder besser noch: warten, indem man sich selbst verliert.« Wie die Jahreszeiten in Mallarmées Poesie sind auch die

Rhythmen, die unser »Sein« bestimmen, vielfältig und unterschiedlich. Die Arbeit Pinheiro dos Santos' in *La Dialectique de la durée* kommentierend, bemerkt Gaston Bachelard: »Das Fehlen einer aktiven, attraktiven, hervortretenden, positiv schöpferischen Sublimierung erschüttert das Gleichgewicht der psychoanalytischen Ambivalenz und bringt das Spiel der seelischen Werte durcheinander. Eine ideale Liebe nicht *realisieren* zu können ist sicherlich ein Leid. Eine realisierte Liebe nicht *idealisieren* zu können ein anderes.« Man findet hier die außergewöhnliche Neugier und Milde des Philosophen wieder, der sich weigert, auch nur irgendetwas aus der Schrift des Lebens zu streichen, egal, was es nun sei. Alles soll bewahrt bleiben. Alles hat einen Sinn, selbst der Un-Sinn. Alles verändert sich, die Stabilität inbegriffen. »Die Entwicklung des Individuums«, bekräftigt er, »ist ein Gewebe aus Erfolgen und Fehlleistungen.« Unschlagbar ist die Kraft – und die Evidenz – von Bachelards Formulierungen. Zum Beispiel: »Im unpersönlichen Teil der Person muss der Philosoph nach den Zonen der Ruhe und nach den Gründen der Ruhe suchen, aus denen er ein philosophisches System der Ruhe entwickeln wird.« Oder auch dies: »Die Furche auf dem Acker ist die Zeitachse der Arbeit, und die Ruhe am Abend ist der Grenzstein des Feldes.« Wir haben verstanden, für Bachelard »ist die Ruhepause ein glückliches Beben« – genau jenes, was ich während einer Siesta empfinde. Die verdiente Ruhepause, dieses Innehalten, um weitergehen zu können, diese Rast, die bloß von sich selbst erfüllt sein möchte, das heißt abwesend von anderem, um ihm dann später wieder besser dienlich sein zu können. Die Siesta? Ein ungewisses Hinterher, vereint mit einem wahrscheinlichen Vorher. Das, was Bachelard als »Ereignis« bezeichnet und andere »Augenblick« nennen, im Sinne von: »Es gibt keinen Augenblick zu verlieren, um sich zu verlieren und wiedergeboren zu werden. Neu.«

In den 70er und 80er Jahren knüpft Henri Lefebvre, Soziologe des Alltags, wieder an den bachelardschen Ansatz an und propagiert seinerseits eine Untersuchung der Temporalitäten, der tausend und ein Fäden, aus denen der Mensch seine Existenz webt. Seine *Éléments de rythmanalyse* kommen wie eine »Einführung in das Verständnis der Rhythmen« daher und schlagen vor, die Triade »Zeit-Raum-Energie« durch die Triade »Melodie-Harmonie-Rhythmus« zu ergänzen, wissend, dass »überall, wo Interaktion zwischen einem Ort, einer Zeit und einem Energieaufwand stattfindet, ein Rhythmus ist«. Seine Untersuchung der Rhythmen und dessen, was ihre Verstehbarkeit für uns bedeuten kann, geht über den simplen phänomenologischen Ansatz, über die bloßen Erscheinungen hinaus; es ist der Wille, die Gegenwart einer Sache oder eines Seins zu erfassen, um sie in Präsenz zu verwandeln. Eine solche Aufmerksamkeit für die *Präsenz* besitzt unbestreitbar existentialistische Implikationen, die Henri Lefebvre zu dynamisieren und zu poetisieren versucht. Das moderne Leben hört nicht auf zu lösen, zu trennen, zu unterteilen, zu parzellieren, zu verzetteln – die Menschen genauso wie ihre Handlungen und die Güter, die sie nutzen, sei es die Arbeit, der Raum, die Zeit und die zahlreichen Beschäftigungen, die sie beinhaltet. Der »Alltag« umfasst die Gesamtheit der täglichen Handlungen und Gesten. Das Wichtige ist hier die *Gesamtheit*, das heißt die Verkettung und ihre Zusammenhänge, mehr oder weniger beabsichtigt, mehr oder weniger geordnet. Diese Verkettung wird manchmal als bedrückend empfunden, einengend, gleich einem Angekettet-Sein. In der Nachfolge der Pionierarbeiten Lefebvres oder in den Fußstapfen von Joffre Dumazedier und seinen Studien zur Freizeit haben Soziologen das Thema der alltäglichen Zeit in Angriff genommen, differenziert nach Altersklassen, Geschlecht, »sozio-professionellen« Kategorien etc. Auf diese Weise ist es ihnen gelungen, vergleichende Schemata zu erstellen. Sie haben diese individuelle »Budget-Zeit« ebenfalls mehreren »Nutzungen« (zum Beispiel Transport, Ausbildung, Konsum, Freizeit, Arbeit) zuordnen können.

Die Griechen hatten bereits die »bioperiodischen Prozesse« entdeckt, doch waren es französische und deutsche Wissenschaftler (J. J. Virey und seine Untersuchung der Chronopharmakologie, 1814; E. Bünning und seine Arbeiten über die Rhythmen der Pflanzen), die die Analyse der biologischen Rhythmen eingeleitet haben. Die »lebenden Wesen« (Fauna und Flora) haben mit den »Menschen« das Prinzip einer zeitlichen Organisation gemein. Zwar haben diese Rhythmen einen genetischen Ursprung, hängen aber ebenso von zahlreichen weiteren »internen« und »externen« Faktoren ab. »In unserem Organismus«, schreibt Alain Reinberg, »ändern sich die Temperatur, der Arteriendruck, der Schlaf-Wach-Zyklus, die metabolisierten Substanzen, die Hormone, die Enzyme, die Schläfrigkeit, die Aufmerksamkeit, die Erinnerung und mehr als 180 Prozesse entsprechend der biologischen Rhythmen, deren Zeitspanne für die meisten Lebewesen ungefähr 24 Stunden beträgt (Cirkadianische Rhythmen, von *circa*: ungefähr, und *dien*: Tag), für die anderen ein Jahr.« Das zeigt wohl deutlich genug, dass sich kein biologischer Rhythmus nach einem anderen richtet. Vielfalt ist hier ein Imperativ. Das bestätigen auch die Untersuchungen von Paul Fraisse im Bereich der Chronopsychologie, der versucht, die Verbindungen zwischen der Chronobiologie und den spezifischen Rhythmen für intellektuelle oder kognitive Aktivitäten zu verstehen. Eine solche Entdeckung vereinfacht natürlich nicht die Aufgabe derjenigen, die Zeitpläne für Gruppen erstellen müssen! Seit einigen Jahren wetteifern Laboratorien um den größten Einfallsreichtum im

Hinblick auf die schulischen Rhythmen, auf die Chronotherapie und die Chronokinetik eines Medikamentes. Dennoch – auch hier ist die Siesta nicht Gegenstand spezifischer Experimente.

Auf der wissenschaftlichen Suche nach den Rhythmen des »Alltags« muss man auch die Literatur und das Kino berücksichtigen, die sich ebenfalls – oftmals sehr talentiert – mit den vielen kleinen Aktivitäten des Alltags beschäftigen und dabei zeigen, wie sehr das vermeintlich Banale, Repetitive, »Qualitätslose« wahre Schätze, Freude und »kleines« Glück bergen kann. So verquicken sich mit der von der Uhr vorgegebenen *linearen Zeit* verschiedene und nicht notwendigerweise untereinander synchronisierte Zeiten aus dem Alltag eines jeden, die wiederum im Gleichklang mit den verschiedenen sozialen Zeiten stehen. Diese dialektischen Spiele, komplex und undiszipliniert, verdienen es, beobachtet und wertgeschätzt zu werden. In diesem Rahmen erscheint die Siesta wie eine wirklich freie Zeit, die einzig und allein dem Schläfer gehört. Es ist ein mehr oder weniger langer Moment des Zu-sich-selbst-Kommens durch die vorübergehende Abwesenheit von der Welt. Dieser kurze Rückzug ermöglicht uns die Zusammenkunft, die Wiedervereinigung, die provisorische Wiederherstellung unserer zersplitterten, geteilten, verstreuten Identität. Die Ruhe, die uns eine solche Pause gewährt, trägt zur Rekonstituierung unserer Ganzheit bei. Ein solches zeitliches

Intermezzo erlaubt es uns, innezuhalten und uns zu orientieren – so wie der Seemann seine Position ermittelt und seinen Kurs festlegt, während um ihn herum die Elemente entfesselt sind oder sich gerade beruhigen. Die Siesta steht hier als eine Metapher, sie erhält eine andere Bedeutung und bezeichnet nicht länger nur das Einschlafen oder Schläfrigsein am Tage, sondern die Fähigkeit, die Verwendung seiner Zeit zu beherrschen, sie nicht zu verschleudern, indem man sie den von »der« Gesellschaft diktierten Zeiten unterwirft. Immer häufiger arbeitet der Stadtbewohner nicht in der Nähe seines Wohnsitzes, er kann somit zur Stunde der Siesta nicht nach Hause zurückkehren, um sich dort auszuruhen. Aus diesem Grunde ist der typische Mittagsschläfer, der mehr schlecht als recht seine Zeit im Griff hat, kein Vollzeit-Angestellter, sondern im Allgemeinen ein Student, ein selbständig arbeitender Mensch (eine Kategorie, die vom Geschäftsmann bis zu den diversen freien Berufen reicht), eine Lehrkraft, ein Forscher, ein Künstler oder ein Rentner – Menschen, die sich schon eher in der Situation befinden, ihre Zeit selbst einteilen zu können. Dieses »Privileg« ist längst so viel wert wie eine Gehaltserhöhung, erfüllt sich doch damit eine wichtige Voraussetzung für das physische und psychische *Wohlbefinden*.

Bei den Sozial- und Humanwissenschaften steht die Siesta nicht gerade hoch im Kurs. Weder die Anthropologen noch die Soziologen haben sich für sie interessiert. Sie glauben mir nicht? Dann werfen Sie einen Blick in den Index der Klassiker dieser Disziplinen. Sie werden dort den Eintrag »Siesta« nicht finden – weder bei Émile Durkheim oder Marcel Mauss noch bei Malinowski, Evans-Pritchard, Lévi-Strauss oder Margaret Mead. Dennoch – die Völker, die diesen Wissenschaftlern Studienobjekt waren, praktizieren den Mittagsschlaf mehr oder weniger regelmäßig. Und sicher ist: Die Siesta griff in die zeitliche Organisation dieser als »geschichtslos« bezeichneten Gesellschaften ein. Verdient sie daher nicht eine Studie im Kapitel »Körperhaltungen« oder eine Betrachtung im Kapitel über das »Alltagsleben«; verdient sie nicht Aufmerksamkeit in der Erforschung der »Altersklassen« oder mehr noch in der Untersuchung der »Unterschiede zwischen den Geschlechtern«? In gleicher Weise wie »die Stille«, »das Warten«, »die Inaktivität« oder »der Traum«? Welchen Platz nimmt die Siesta im menschlichen Leben ein – welchen aus der ganz individuellen Perspektive einer Person und welchen in der Dichte des Gewebes sozialer Beziehungen und Gemeinsamkeiten? Wir haben es am Beispiel des »Dämon des Mittags« gesehen, die Mythen betrachten diese Stunde »zwischen zweien« als Sinnträgerin, als bedeutsam für bestimmtes Verhalten. Aber auch die Mythologen – einschließlich der Spezialisten des Imaginären – behandeln sie nicht mit der Aufmerksamkeit, die sie verdient. Einige wenige Soziologen und einige Psychologen haben die Aufteilung der Alltagszeit studiert, die Zeit einer sozialen Klasse (beispielsweise der Arbeiterklasse), einer bestimmten Gruppe (etwa der 15- bis 20-Jährigen oder der »Studenten«), ohne jemals direkt die Frage des Mittagsschlafs angesprochen zu haben. Gleiches gilt für die Historiker, die uns die Geschichte des Bettes erzählt haben, die Geschichte des Lakens, der Nackenrolle, des Kissenbezuges, des Schnarchens, der Nachtschwärmer, der Schlaflosigkeit – aber nicht die der Siesta. Doch wie instruktiv könnte es sein, nachzufühlen, welche Empfindungen der Schlaf unseren Vorfahren bescherte! Und der Traum? Wie schliefen sie? Welche Träume hatten sie? Was hielten sie von der Siesta? Welche Beziehungen stellten sie zwischen Ruhepause und Aktivität her, zwischen Ausruhen und der Gesundheit ihres Körpers? Alles wunderbare Titel für Promotionen!

Ähnlich verhält es sich mit den Geografen, die Wälder, Wüsten, Flüsse kartografiert haben, die uns eine Geografie des Honigs oder des Reises beschert haben, eine der Ehre, des Verbrechens, des Elends, der Beschneidung, der Fettleibigkeit und weiß der Himmel worüber sonst noch. Aber keine Geografie der Siesta und noch weniger eine komparative geopolitische Studie!

Gleiches gilt auch für die Ökonomen. Es wurde kein Kalkül in makroökonomischem Maßstab erstellt, um die Auswirkungen des Mittagsschlafs zu messen. Es wurde nicht beziffert, was es zu gewinnen oder zu verlieren gibt mit diesen Stunden außerhalb der Arbeit und außerhalb der Ökonomie, die sich ihrerseits aber auf die Arbeit und die Wirtschaft einer Gesellschaft auswirken. Als ich mich mit diesen Fragen an befreundete, »anerkannte« Ökonomen wandte – die es höflich vermieden, mein Anliegen zu belächeln –, erhielt ich nichts als verlegenes Schweigen zur Antwort. Um mein Ersuchen seriöser erscheinen zu lassen, wies ich, ganz Schelm, auf das Fehlen statistischen Materials über »die wirtschaftlichen Kosten des Ramadan« hin, obwohl es einen Artikel von Paul Balta in *L'État des religions* gibt. Aufgrund meiner eigenen Erfahrungen bin ich davon überzeugt, dass die Siesta, sei sie auch kurz, einen gewissen Elan wiedergibt, und ich behalte es mir vor, dies auch laut kundzutun. Stellen Sie sich einen ganz schlauen Arbeitgeber vor – so was gibt's –, der Sie Ihre Arbeitszeit selbst organisieren lässt, auf liberale Art und Weise, und Ihnen sogar sagt: »Mein Freund, vergessen Sie nicht, ein kleines Mittagsschläfchen zu halten. Das ist gut für die Entspannung« – wohl wissend, dass Sie hinterher produktiver schaffen werden! Vorsicht, Manipulation! Vorsicht, heimtückische Beschlagnahme, perverse Entfremdung! Was? Er reißt sich *meine* Siesta unter den Nagel!, bezieht sie in seine analytische Buchführung des Ausbeuters ein, zeigt seinesgleichen die

Stimmigkeit seiner Kalküle, verherrlicht dieselben, gibt internationale Seminare darüber, bringt im Parlament ein Gesetzesprojekt zum »Siesta-Guthaben« ein ... kurzum: aktiver Verfechter der Siesta, als der er sich gibt, bleibt er doch letztendlich Ihr Vorgesetzter. Also Achtung – und denken Sie dran, dass eine illegale Siesta allemal mehr Charme besitzt als ein verordneter Mittagsschlaf – den Charme des Verbotenen.

Die Urbanisierung und die damit neu skizzierte Geografie macht die Siesta oftmals unmöglich. Nichtsdestotrotz gibt es – ähnlich dem kleinen Dorf von Asterix im besetzten Gallien – Inseln des Widerstandes, die nicht kapitulieren, belagert von der Modernitäts-Welt mit ihrem Gefolge neuer Zwänge. In Spanien und Italien zum Beispiel ist die *Siesta-Zeit* ein wahres Kulturgut, selbst wenn sie zu etwas anderem als Schlafen genutzt wird. In China wird die Siesta »xiu-xi« genannt, und das Recht darauf ist im Artikel 49 der Verfassung von 1949 explizit erwähnt. In seiner Untersuchung über »Die Kunst der Siesta« (*Libération*, Sommer 1997) prangert Francis Mizio die Verspätung Frankreichs in dieser Angelegenheit an – man habe es, trotz Korsika, mit einem beträchtlichen Defizit in Sachen Siesta zu tun –, informiert uns aber gleichzeitig, dass es nichtsdestotrotz »eine französische Gesellschaft war, CAE Communication, die die weltweit erste Möglichkeit einer Cyber-Siesta im World Wide Web angeboten hat (www.cae.fr): Landschaftsbilder, präsentiert in einem wohlklingenden und entspannenden Ambiente, bestimmt für das Nickerchen vor dem Computer.« Während Nordeuropa sich versteckt, um ein Mittagsschläfchen zu halten, fordert Lateinamerika – und in geringerem Maße auch Afrika und Asien – offen die Freude der Siesta ein.

Die Betriebsamkeit der großen Städte, die Übernahme internationaler Zeitpläne, die allgemeine Verbreitung der Klimaanlage, die Vorherrschaft der Arbeits- und Geldideologie verleugnen die Siesta als alte, dörfliche, traditionelle, unproduktive Gewohnheit. Sie unter solchen Bedingungen zu verteidigen bedeutet, sich dem politisch Korrekten zu widersetzen. Aber mehr und mehr Städter sind besorgt wegen ihrer Zeitknappheit (»Ich habe keine Minute mehr für mich!«), um die Überbeanspruchung ihrer Zeit, und trachten danach, Zeit zu sparen, ihr Tempo zu verlangsamen. 1977 eröffnet Stephan Rechtschaffen, ein New Yorker Mediziner, das Institut *Omega*, das »zeitkranke« Menschen aufnimmt und ihnen (wieder) beibringt, die Zeit zu genießen. Peter Heintel, Professor für Philosophie an der Universität Klagenfurt, gründet 1990 die Gesellschaft *Tempus*, in der sich Anhänger der Langsamkeit versammeln. Man zieht »Slow-Food-Restaurants« – wie man sie zum Beispiel in Berlin findet – der Schnellgastronomie vor. Dem Laufschritt in den Gängen der U-Bahn kann man etwas entgegensetzen – die Unbeweglichkeit auf der Rolltreppe oder auf dem Laufband, das

Schlendern des Spaziergängers, das nutzlose Innehalten, den imaginären Stop, das Atemholen, die Pause. Angesichts des *Alles-noch-schneller* – von der Express-Post bis zum Pizza-Express – ist es geradezu wünschenswert und auch möglich, sich »aufzuhalten«, das *eigene Wohl mit Geduld* anzugehen, jeden Moment wie eine Hymne an die Dauer zu genießen, wie eine Hommage an das Leben.

Diese neue Besorgnis um die Zeit, diese verschwörerische Beziehung mit jeder einzelnen Minute, diese gelebte Zeitlichkeit, diese Forderung, »die Zeit zu bewohnen«, um die Formulierung des Historikers Jean Chesnaux aufzugreifen, verändert auch unsere Wahrnehmung und unseren Gebrauch des Raumes. Seit den Untersuchungen von Jean Piaget kennt man die Prozesse der Verräumlichung unserer sensorisch-motorischen Aktivitäten und, allgemeiner, der Verräumlichung unserer Zeiten; der umgekehrte Fall wurde hingegen deutlich weniger erforscht. Wie steht es mit der Zeitlichkeit der Räume, in denen wir leben? Inwiefern beeinflusst die Vielfalt unserer Rhythmen unser Sein im Raum? Berücksichtigen zum Beispiel Architekten und Stadtplaner diese »Temporalitäten« in ihren Projekten? Wie arrangiert sich die Ordnung des Raumes mit den verschiedenen Zeiten, die ihn nutzen, ohne ihn zu instrumentalisieren? In Italien versuchen Fachmänner der »Fabrikation der Stadt« diesen Fragen zu begegnen und erproben auch mögliche Wege. Die *Chronotopie* wäre das Kind der Rhythmusanalyse und der Topoanalyse von Bachelard, oder einfacher gesagt: ein Begreifen der Stadt nicht nur als ein Ensemble baulicher Konstruktionen – jede in ihrem eigenen Stil, mit eigener Ästhetik und Alterung etc. – und als *no man's land*, sondern auch als ein Konglomerat von differenzierten Zeiten; die Stadt hat, nach Paul Virilio, auch ihre *no man's time*.

Sandra Bonfiglioli, eine der maßgeblichen Theoretikerinnen der chronotopischen Analyse, die auch die Sonderausgabe von *Urbanistica Quaderni* zu diesem Thema betreut hat, bemüht sich, das einem Ort eigene Gefühl der Zeit zum Vorschein zu bringen. Sie stützt sich dabei auf den jeweiligen »Kalender der Gebräuche«, um einen Ort umzugestalten, eine Straße umzuleiten, einen Platz zu realisieren und so weiter. Mehrere italienische Städte haben sich ein Zeit-Büro eingerichtet, das in Kooperation mit dem Baudezernat der Stadtverwaltung an der Konzipierung neuer Projekte teilnimmt. Man muss die Menschen, die regelmäßig in die Stadt kommen, differenzieren; sie sind einander nicht gleich und verwenden auch ihre Zeit in unterschiedlicher Weise. Daher ist es angebracht, die jeweiligen Bedürfnisse zu definieren, um sie dann besser befriedigen zu können. Guido Martinotti nennt vier Gruppen, man könnte noch mehr finden: die Anwohner, die täglichen Migranten, die Konsumenten und die »Metropolitan Businessmen«. Jeder kommt in die

Stadt, um dort gemäß seinem Rhythmus etwas zu erledigen. Die »Stadt« muss auf diese verschiedenen Erwartungen und Ansprüche reagieren. Eine gute Kenntnis ihrer zeitlichen Charakteristika trägt zu einer besseren Bewohnbarkeit für jeden einzelnen Menschen bei, unter Berücksichtigung seines Terminkalenders, seines Alters, seines Geschlechts, seiner Nutzung öffentlicher Räume und so fort. In Bozen, Rom und Mailand stimmen sich die jeweiligen Verwaltungen untereinander ab, jedoch nicht nur, um ihre Zeitpläne zu koordinieren und um den Bedürfnissen der Benutzer besser begegnen zu können, sondern auch, um eventuell einmal ihren Sitz zu verändern, umzuziehen, und so für die Einwohner leichter erreichbar zu sein. Eine öffentliche Einrichtung in dem von seinen Bewohnern verlassenen Herzen einer historischen Stadt zwingt die Menschen dazu, ihr Auto zu benutzen und somit das Stau-Problem und die Umweltbelastung noch zu vergrößern. Die betreffende Einrichtung dorthin zu verlegen, wo ihr Zugang am günstigsten für die meisten Stadtbewohner ist, erscheint als eine vernünftige Entscheidung. Susanna Menichini hat für mehrere römische Verwaltungsbezirke eine Kartografie der jeweiligen Temporalitäten erarbeitet – sie nennt das die räumlichen Aspekte der Zeitpolitik. Jeder Raum hat zu jeder Stunde des Tages und der Nacht seine Besonderheiten, die wiederum im Jahresgang variieren (abhängig von bestimmten Faktoren wie Tourismus,

Hochschulsemester) oder auch aufhören, sich in einem festgelegten Rhythmus zu wiederholen, etwa wenn ein »Anziehungspunkt« für die Einwohner (eine Verwaltung, ein Krankenhaus, ein Unternehmen) verlagert wird; oder wenn ein neues Wohngebäude entsteht, das wiederum eine neue »Population« mit sich bringt; oder wenn neue Verkehrsadern eröffnet werden, die ihrerseits den Rhythmus der Menschenströme beeinflussen. Die Stadt ist niemals statisch. Ihre Geschichte schreibt sich in ihren architektonischen Rahmen ein, aber dieses »Dauerhafte« kollidiert mit Tausenden – Millionen? – kontrastierenden Zeiten von Tausenden – Millionen? – Einwohnern, die nicht alle in der Stadt selbst wohnen. Bestimmte urbane Routen werden zu ganz bestimmten Zeiten des Tages oder der Nacht frequentiert, die Stadtplaner können das nicht ignorieren. Daher werden sie ihren Umgang mit dem städtischen Raum »temporalisieren«, um die einzelnen Orte dementsprechend spezifisch behandeln zu können. Kein Raum ohne Berücksichtigung seiner Rhythmen – die sich von einem zum anderen Moment des Tages verändern; kein städtebauliches Projekt ohne Kenntnis der besonderen Zeiten eines Ortes. Was die Architekten angeht, so halten sich die meisten von ihnen noch immer an die absurde und beschränkte Aufteilung der Wohnung in Tag- und Nachtseite! Werden sie einen neuen Raum erfinden, das *Siestorium*, so wie Georges Perec in

Träume von Räumen ein Montorium, ein Dienstorium etc. ersann – also einen Raum für jeden Tag der Woche? Werden sie Fabriken und Bürotürme mit *Siesterias* in der Nähe der Cafeteria ausstatten? Werden sie beim Entwerfen eines Hauses auf sein Pochen hören, seine Vibrationen und seine Spannungen benutzen, wie so viele andere immaterielle und nichtsdestoweniger konstruktive Materialien? Auch eine Wohnung ruht sich aus, schläft ein, wacht auf. Ich liebe es, wenn mein Haus die Augen öffnet, seine Fassade aufbläht, die Mauern weitet, so wie man die Arme ausstreckt und sich schließlich zufrieden auf seiner Parzelle zusammenrollt. Ein Haus, das Mittagsschlaf hält, ist ein Haus mit regelmäßigem Atem und ansteckender Ruhe. Es kann dösen, während um es herum Lastwagen lärmen, Autos hupen, Flugzeuge brummen, Passanten vorbeieilen. Dieser Kontrast zwischen dem allgemein herrschenden Hin und Her und der Ruhe des Hauses verleiht dem Mittagsschlaf das Tempo glücklicher Gelassenheit.

Außerhalb des Hauses, in der Stadt, wurden bereits »Zeitbanken« eröffnet. Ihre Mitglieder machen Tauschgeschäfte mit der Zeit – mit ihrer eigenen Zeit und ihren Kompetenzen –, so wie man Güter auf einem Markt tauscht. Ich komme zu dir und hüte abends dein Kind, dafür bringst du mir Englisch bei. Jede zeitliche Aktivität ist potentiell austauschbar; um einen solchen Austausch zu realisieren, braucht man eine Börse. Auch über das Internet werden derartige Transaktionen getätigt. Jeder kommt hierbei auf seine Kosten. Im Hinblick auf die Uhr der Gesellschaft – den aufgezwungenen Zeitgebrauch – leiten solche nicht-kommerziellen Gebräuche der Zeit einen Prozess der Autonomisierung ein und eine Lockerung des Paares Zeit/Geld, was wiederum einen bescheidenen Protest gegen das dominierende ökonomische System darstellt. Der Mensch hat immer etwas zu tun, irgendein Werk zu verrichten, er geht nicht dauernd einer bezahlten Arbeit nach. Diese von André Gorz vor mehr als 20 Jahren formulierte Botschaft wird erst jetzt aufgegriffen (was jedoch nicht bedeutet, dass sie tatsächlich verstanden und akzeptiert ist, davon ist man noch weit entfernt!), und im Hinblick auf die »Revolution der selbstbestimmten Zeit« können wir hinzufügen: zur »Eroberung einer Zeit für sich«.

Die Siesta? Sollte ich sie vergessen haben? Nein, sie ist noch da. Als ein Beweis unter anderen für eine Möglichkeit, unsere Zeiten – Chronobiologie, persönliche Geschichte, religiöse und gemeinschaftliche Zeiten etc. – den Zeiten der Gesellschaft anzupassen. Die Tatsache, dass jeder seine ganz persönliche Rhythmik hat, ist ein kultureller Reichtum, den es zu stärken und zu nutzen gilt. Man hat aber lange ganz im Gegenteil geglaubt, dass eine effiziente und rationale Gesellschaft Unordnung und Disziplinlosigkeit nicht tolerieren könne. Man träumte von einem permanenten Gleichgewicht (!?), man fürchtete den

Konflikt, die Spannung, die Dysfunktion, kurz: das Ungleichgewicht. Die Komplexität unserer Gesellschaften zeigt jedoch, dass das Gleichgewicht die Ausnahme ist, dass wir den Bruch denken müssen, die Veränderung, die »Krise« – als Momente des Wiederauflebens und der Erneuerung. Die Vielfalt der Zeiten gehört in diese Kategorie. Eine Gesellschaft, die allen auferlegt, im Chor zu atmen, zu denselben Stunden zu arbeiten, in Simultanität zu leben, ist eine totalitäre Gesellschaft und zum Untergang verdammt. Das Scheitern bestimmter Utopien hängt unter anderem von der Unfähigkeit ab, die Mannigfaltigkeit von Verhalten zu akzeptieren, und folglich auch von der Unfähigkeit, alle möglichen und denkbaren zeitlichen Kombinationen zu unterstützen. Allerdings beinhalten die meisten Utopien eine Reduktion der obligatorischen Arbeitszeit, um den Menschen der erdachten Zukunft zu erlauben, sich zu bilden (die Bildung ist in den meisten Utopien der größte Wert) und sich zu kultivieren – und auch, um »richtig« zu schlafen und auszuruhen. Faulheit und Müßiggang allerdings werden von den Utopisten – mehrheitlich Moralprediger – angeprangert, so wie sie auch im Hinblick auf die Sexualität einem gewissen Puritanismus das Wort reden. Charles Fourier und auch einige Saint-Simonisten haben es gewagt, mit einer solchen Strenge zu brechen, und haben behauptet, dass die wahre Befreiung darin besteht, aus der dunklen Dialektik von

Gut und Böse auszubrechen. Kein Jenseits wie bei Nietzsche, sondern ein Woanders, daher auch die Flucht in eine Utopie, die Flucht an einen Ort, der gar nicht existiert, der nicht stattfindet, der keine Zukunft ist, sondern etwas Gegenwärtiges, eine Präsenz im Sinne einer Gabe. Während Thomas Morus die sozial nützliche Arbeitszeit der Inselbewohner von *Utopia* (1516) auf sechs Stunden täglich schätzt und Campanella in seinem *Sonnenstaat* (1623) vier Stunden veranschlagt, so arbeiten die Avaïtes fünf Stunden (*Histoire de l'Île de Caléjava* von Claude Gilbert, 1700), die Sevarimbi acht Stunden (*History of the Sevarites or Sevarimbi*, Denis Vairasse d'Alais zugeschrieben, 1675), und die Bewohner der imaginären Länder von Restif de la Bretonne, Jean-Baptiste Say oder Cabet verdienen ihr Brot im Schweiße ihres Angesichts, unerhört!

Die Anerkennung und das Ausleben leidenschaftlicher Anziehung, theoretisiert von Charles Fourier, befreien das Individuum von – oft scheinheiligen – moralischen Zwängen und ermutigen es, seine Leidenschaften gemäß seiner Lust und seinem Verlangen intensiv zu leben. In einem solchen Konstrukt hat auch die »Arbeit« nicht mehr dieselbe Natur wie in unserer Gesellschaft. Arbeit bestünde folglich darin, nach eigener Laune und zum Vergnügen an den diversen Aktivitäten teilzunehmen, welche die menschliche Gemeinschaft birgt. In einem solchen Rahmen findet sich für alle Aufgaben – selbst für die undankbarsten – jemand, der sie erfüllt. Und sei es nur für ein einziges Mal. Das bedeutet, dass auch die Siesta nicht verwerflich ist ...

V

Siesta als Widerstand

Die Siesta, um Widerstand zu leisten? Sie scherzen wohl! Gegen was denn? Gegen wen? Gegen die »Weltzeit«, dieses Resultat der Globalisierung der Wirtschaft, die überall eindringt und sich schamlos als Selbstverständlichkeit ausgibt, als würde sie aus sich selbst heraus existieren, als sei sie eine unbestreitbare Größe. Doch es ist diese ökonomische Organisation – wo alles verbucht, quantifiziert und weiterverwertet wird –, die uns den freien Gebrauch dieses so wertvollen Gutes raubt: der Zeit. Oder genauer, die Alltäglichkeit. Sicherlich, man wird immer einen missmutigen Verbraucher finden, der meckert, weil die Banken gerade in dem Moment, zu dem er Zeit hat, geschlossen sind. Aber inzwischen sind die automatischen Schalter rund um die Uhr geöffnet! Die *gewählte Siesta* zieht eine vollständige Reorganisierung der Arbeitszeit im Bereich der Dienstleistungen und in den Unternehmen nach sich. Es handelt sich nicht darum, von dieser zu jener Stunde für eine Weile ganz zu schließen, sondern darum, das zu erleichtern, was Pierre Sansot

»temps flottant«, treibende, gleitende Zeit, nennt, und damit – unter Berücksichtigung der verschiedenen individuellen Verhaltensweisen – alle zufrieden zu stellen, ohne jemanden zu benachteiligen. Wer es ablehnt, die »treibende Zeit« in Erwägung zu ziehen, der verschließt die Augen vor »uneingestandenen« Praktiken wie: Ich hänge ein Schild »Komme gleich wieder!« auf und trödle herum, bevor ich an meinen Platz zurückkehre; ich schließe willkürlich »vorübergehend« den Schalter; ich döse stehend, bin physisch anwesend und doch eigentlich ganz woanders. In *Manhattan Transfer* gelingt es Dos Passos, die Gleichzeitigkeit der urbanen Temporalitäten zu zeigen – und wie jeder versucht, sich ihnen zu widersetzen. Ein Fußgänger kann immer gegen den Strom laufen, genauso wie ein Flaneur vorgeben kann, es auf dem Weg zu einem Rendezvous furchtbar eilig zu haben, er tut so, als sei er ganz und gar damit beschäftigt, den Weg zu finden – und dabei entgeht ihm kein Fitzelchen des städtischen Spektakels. Die große Stadt, in der alles automatisch läuft, findet sich letztendlich recht gut mit Überschreitungen ab. Beim Spaziergänger beobachtet Pierre Sansot mit Nachsicht und sogar Sympathie die Zickzack-Routen, die Unschlüssigkeiten, die Haken und Umwege, die der Bewegung ein Umherirren im Sinne des berühmten »objektiven Zufalls« der Surrealisten geben. In der Todesanzeige André Bretons waren die Worte zu lesen: »Ich suche das Gold der Zeit«.

Fangen wir bescheiden an, indem wir lernen, sie fröhlich zu nutzen, und wagen wir uns dann vor in die Mysterien der *zurückeroberten Zeit.*

Die weltweite *Urbanisierung der Sitten und Bräuche* ist ein komplexer Vorgang: Auf der einen Seite werden Praktiken, Verhaltensweisen und Werte verbreitet und generalisiert – was sich in einem Trend zur Uniformierung niederschlägt. Im Gegensatz dazu bringt diese Art der Urbanisierung gleichzeitig Mischungen, Kreuzungen, Ablehnungen und Oppositionen hervor – völlig neue Kombinationen, die wiederum zum Ursprung einer »zusammengewürfelten« Kultur werden. Bei genauerem Hinsehen stellt sich dieser vermeintliche Widerspruch aber mehr als Ergänzung denn als Konkurrenz dar. Bevor wir jedoch die Siesta in diesen Kontext einordnen, halte ich es für sinnvoll, einige Punkte zu präzisieren. Warum »Urbanisierung der Sitten und Bräuche« und nicht »Globalisierung des Kapitalismus« oder »generalisierte Cyberkultur«? Um der außerordentlichen Kluft zwischen den einzelnen Gesellschaften Rechnung zu tragen, die zwar trotz allem mit der »Globalisierung der Märkte« und der »Cyberkultur« infiziert sind, ohne sie aber notwendigerweise in ein einheitliches System zu integrieren, dessen funktionale Logik und Entscheidungsstrategie sich ihnen entziehen würde. Mangels eines überzeugendere[n] Ausdrucks ziehe ich den Begriff von der »Urbanisierung der Sitten und Bräuche« vor, weil er eine laufende zivilisatorische Bewegung ausdrückt, ohne dabei einen einzigen und einzigartigen Zweck zu bezeichnen – außer dem einer »allgemeinen Verstädterung« mit sich unablässig verändernden Grenzen und Inhalten. Sicher, der Beobachter kann die Verbreitung einer Allerweltsarchitektur feststellen, die eigentlich nirgendwo so richtig hingehört: überall austauschbare Gebäude großer Gewerbegebiete oder Lagerhallen am Rande alter Städte; Autobahnkreuze, die mit Eisenbahnknoten verschlungen sind; städtebauliche Pläne, die sich darauf beschränken, ein mehr oder weniger überdimensioniertes Straßennetz zu trassieren – kurzum, augenscheinlich ähnliche »Zeichen«, die allerdings von den Bevölkerungen der verschiedenen Kulturen unterschiedlich gesehen und interpretiert werden. Sicher, der Beobachter könnte befürchten, dass uns eine »weltweit gewordene Welt«, eine radikale Homogenisierung der Lebensweisen und des Seins, mehr oder weniger kurzfristig bevorsteht. Sicher, der ans Internet angeschlossene Beobachter kann nicht ignorieren, dass die »Informationskultur« der »alphabetischen« und der »populären Kultur« den Platz streitig macht; dass es sich hier nicht einfach nur um ein perfektioniertes und leistungsstarkes Werkzeug handelt, sondern auch um ein neues mentales Raum-Zeit-Denken, um neue intellektuelle Reflexe, um neue Arten des Seins mit und in der Welt, letztlich: um eine neue »Welt«. Sicher, der

Beobachter im Fernsehsessel kann die Effekte – und Schäden – von TV und Video auf den Blickwinkel und die Meinung des Zuschauers nicht verkennen, und führt das Fernsehen auch die ganze Welt in den Alltag eines jeden ein, so geschieht dies doch ohne die Präsenz des Anderen. Das Fernsehen ist ein Nicht-Ort. Es informiert nicht, es formt nicht, es überträgt nicht, es kommuniziert nicht wirklich; es lässt sehen, ohne Bindungen, Verbindungen, Auflösungen herzustellen. Darüber hinaus popularisiert es eine bestimmte urbane Vision sozialer Beziehungen, des Imaginären und der umgebenden Natur. Doch kommen die Kommunikationstechnologien demjenigen, der seine Zeit sorgfältig verwaltet, gut gelegen. Schließlich speichern der Anrufbeantworter und das Videogerät – um nur diese beiden Maschinen zu nennen – Informationen, die folglich in der Zeit verschoben werden. Ich wähle dann den günstigsten Moment, um die telefonischen Botschaften abzuhören, den aufgezeichneten Film oder die Reportage anzusehen. Wenn ich Mittagsschlaf halte, dann stelle ich das eine und das andere Gerät an und schlafe friedlich ein ...

Es wäre gefährlich – und naiv –, diese Beobachtungen zu verkennen oder zu unterschätzen. Und jetzt? Also? Alle Gesellschaften der Welt sind in einem gemeinsamen Abenteuer unterwegs: der Urbanisierung. Diese verstärkt Prozesse der Ausgrenzung, wie sie andererseits solche der *Integration* fördert (die das

Gegenteil von Segregation ist). Sie erzeugt tatsächlich beides, ohne dass das eine das andere dominieren würde, ohne dass das eine dauerhaft bliebe, ohne dass das eine zur Regel würde – wenigstens für den Moment. Das Dilemma ist und bleibt: »Zivilisation« oder »Barbarei«. Die televisuelle Barbarei, die Barbarei der »privaten«, abgesicherten Siedlungen, die Barbarei der »e-mailisierten« Ausgrenzung, die Barbarei einer segmentierten Welt, in der der Hass die Rolle des Einigers spielt, gegen eine polizeilich gesicherte, verstädterte, demokratisierte, befriedete urbane Zivilisation ... die Lösung ist noch nicht klar! Ich neige dem zweiten Terminus zu, der Verschiedenartigkeit, der Freude des Seins, dem Reichtum der Begegnung, dem Glück des Unvollendeten, dem Ungewissen, dem Basteln, dem Instabilen, dem Risiko, dem Unvollkommenen. Die Zukunft muss unvollkommen sein, so wie die Gegenwart, unsere Gegenwart oft an Bedingungen gebunden und nicht immer einfach ist ... Sie haben es erraten, aus einer solchen Perspektive ist der *Gebrauch der Zeit* ganz entscheidend. Eben deshalb ist der Mittagsschlaf ein Akt des Widerstands, eine Stellungnahme, eine Politik.

In seinem dicht geschriebenen Essay *The Dance of Life* zeigt Edward T. Hall anhand zahlreicher Beispiele (Hopi, Navajo, Nuer, Quiché, Japaner, US-Amerikaner, Europäer etc.), inwieweit die Zeit konstitutiv für die Kultur eines »Volkes«, einer »Ethnie«, einer

»Gesellschaft« ist. Seiner Meinung nach bedeutet Zeit vor allem ständig erneuerte Erfahrung, und diese Erfahrung ist immer einzigartig, nicht reproduzierbar. Deswegen beschreibt er die Vielfalt von Situationen in der Zeit, manche reicher als andere, und versucht, eine Art Typologie der Rhythmen zu erarbeiten. Der Titel seines Essays deckt sich gut mit der Schlussfolgerung, die er nach einer ausführlichen anthropologischen Untersuchung der Zeit formuliert. Es handelt sich um einen Tanz, das heißt um Aktionen. Der Tanz, das Ballett, die Choreografie versetzt den Körper in Schwingung, steckt einen Raum ab – den der Körper durch Bewegung gestaltet –, erhält Rhythmen aufrecht, stellt eine Anstrengung dar, verlangt nach einer Ruhepause, spannt und entspannt die Muskeln, erlegt eine Disziplin auf, lädt aber zugleich zur Disziplinlosigkeit ein, zu freien Figuren, gymnastischen Kühnheiten, improvisierten Verrenkungen, fiktionalen Ausbrüchen ... Die Siesta ist ein Schritt, ein kleiner Schritt in diesem Tanz, um bei der Metapher zu bleiben. Ein Gegenschritt, der die Gesamtheit rhythmisiert, ohne sie – wie eine Uhr – in eine unentwegte Mechanik einzusperren, in eine Wiederholung, eine Gewohnheit. Sein Leben zu tanzen bedeutet, Rhythmen darin aufzunehmen, sich mit seinen neurobiologischen »Uhren« vertraut zu machen, die »Schritte« zu kreieren, die am besten zu unserer Persönlichkeit passen, die kleine Musik, die in uns spielt, zum

Leben zu erwecken. Die Zweiteilung des Tages in Tag und Nacht, hier wiederum die Unterteilung in Momente, deren Inhalt uns diktiert wird, kann die Beherrschung unserer Temporalitäten nur behindern. Die Frage nach der Siesta zu stellen bedeutet, die Zeit der Arbeit zu hinterfragen.

Im ausgehenden 19. Jahrhundert nahm sich der Schwiegersohn von Marx, Paul Lafargue, vor, das 1848 von den Revolutionären errungene »Recht auf Arbeit« durch das »Recht auf Faulheit« zu widerlegen. In der Londoner Bibliothek seines Schwiegervaters fand er Louis-Mathurin Moreau-Christophes Buch über das »Recht auf Untätigkeit und die Organisation der Sklavenarbeit in den griechischen und römisches Republiken«. Lafargue verschlingt es und erinnert sich daran, als er *Das Recht auf Faulheit* verfasst. Dieses Pamphlet wird zuerst 1880 in der Wochenschrift *L'Égalité* veröffentlicht, bevor es als Broschüre erscheint und einen ansehnlichen Erfolg feiern kann. Lafargue betrachtet Arbeit als das absolute Übel und rechtfertigt die Faulheit. Er argumentiert mit den Worten Lessings, die er seinen Ausführungen voranstellt: »Seien wir faul in allem, außer im Lieben und im Trinken, außer im Faulenzen!« Diese anarchische Haltung wird in gewissen Forderungen der 68er – »Genießt hemmungslos!« – ein Echo finden. Mehr als ein Jahrhundert nach dem Aufruf Lafargues formuliert Bruno Comby das »Recht auf Siesta«, dem ich geschlossenen Auges zustimme, und ich unterschreibe auch die »Charta der Siesta«, mit der sein Werk schließt. Sie umfasst sieben Artikel, die die Siesta (notwendige und respektable, heilige Aktivität, die man nicht behindern darf und die ein jeder ausüben kann, wann und wo er möchte) legitimieren. Genau wie er – nur dass ich den Gegenstand noch auf andere Bereiche als nur die Menschen in Unternehmen ausweite – kämpfe ich für eine Versöhnung des Menschen mit seinen Rhythmen, mit seinen Temporalitäten. Das Wort »Freiheit« hat nur dann wirklich Sinn, wenn ein jeder die Kontrolle über seine eigene Zeit besitzt. Die freie Verfügung über die eigene Zeit ist die Garantie für die Autonomie des Einzelnen. Diese Individualisierung der Zeit ist kein Akt »zivilen Ungehorsams«, sie bedeutet keine Verweigerung der »Regeln«, die jedes Leben in Gesellschaft auferlegt, ist keine Missachtung der anderen oder ein Rückzug in die eigene kleine Bequemlichkeit – sie bedeutet ganz im Gegenteil den Willen, in seiner Zeit zu sein, um die eigene Präsenz in der Welt *mit* und *unter* anderen zu festigen. Verfügbarkeit, Zuhören, Aufmerksamkeit sind keine selbsttätig und regelmäßig auftretenden Verhaltensweisen, sie sind um so intensiver, wenn sie mit Pausen, Innehalten und Stille alternieren. Genau wie unser Schlaf in mehreren Phasen verläuft, ist auch unsere Aktivität zyklisch. Sich dessen bewusst zu sein ist gut. Zu tun, was nötig ist, um dieser Tatsache lohnend Rechnung zu tragen, ist »Arbeit«;

Arbeit an sich selbst, um mit anderen in Beziehung treten zu können.

Mittagsschläferinnen und Mittagsschläfer, schlaft am Mittag!

Um nicht zu schließen

Nach Art von G. P.

Ich erinnere mich an die Schlange von Bussen, Autos, Taxis, Pferden und Rucksacktouristen an der iranisch-afghanischen Grenze auf dem Weg von Meched nach Herat – alle warteten darauf, dass die afghanischen Zöllner ihre Siesta beendeten, um die Reise fortsetzen zu können.

Ich erinnere mich an entschlummerte Moslems, die sich in der großen Moschee der Omajaden in Damaskus vor der übermächtigen Hitze schützten und dort Siesta hielten, im sicheren Schoße Allahs.

Ich erinnere mich an mein Vergnügen, an der Grenze zur Schwelgerei, wenn ich meiner Tochter Aurélie ein Buch vorlas, damit sie mit Geschichten und Bildern ausstaffiert ihren Mittagsschlaf antrat. Nach einigen Monaten ausgewählter Lektüre hielt ich mich für ausreichend eingearbeitet, dennoch schlossen sich meine Augen gegen meinen Willen ebenfalls, ich rollte auf das schmale Bett und wir schliefen beide friedlich. Diese Zeit ist für immer vorbei ...

Ich erinnere mich überhaupt nicht an meine erste Siesta.

Ich erinnere mich an Siestas im Sand des Strandes von Porteaux, auf der Insel d'Yeu, wo ich zugleich von dem rhythmischen Gesang des Meeres und dem Plappern der Kinder, die unglaubliche Sandburgen bauten, sanft gewiegt wurde ...

Ich erinnere mich, mit C., schlafend, ineinander verschlungen, auf einer blauen Luftmatratze, an einem grünlich-blauen Meer, unter dem leuchtend blauen Himmel des bretonischen Sommers, nach der Liebe. Mir läuft schon wieder das Wasser im Munde zusammen ...

Ich erinnere mich an eine unbequeme Siesta in einem überfüllten Minibus zwischen Douala und Yaoundé, eingeengt – besser gesagt eingequetscht, wie ein zerbrechliches Stück Holz im gnadenlosen Kiefer eines Eisenschraubstocks – zwischen zwei imposanten Matronen, die nicht aufhörten zu reden.

Ich erinnere mich an eine Siesta nahe des Van-Sees im Osten der Türkei, die durch ein leichtes Zittern der Erde unterbrochen wurde.

Ich erinnere mich an eine nicht mögliche Siesta, in einem »Hotel« unter freiem Himmel, nahe Mokka im

Yemen, wo ich, ein Opfer der Stechmücken und wie gelähmt durch die drückende Hitze, kein Auge schließen konnte.

Ich erinnere mich an eine sinnliche Siesta zu zweit, unter dem Schutz strammstehender Kiefern am Rande eines spiegelnden Swimmingpools, alles badete in blumigem, aromatischem Lavendel, auf einem einsamen Hügel, im Westen von Manosk. »Was will man mehr?«, dachte ich damals. Sich zu Beginn des Nachmittags zu lieben birgt einen Zauber, den die nächtliche Sexualität niemals erreichen kann: das Licht, das die Lust in den Augen des anderen aufleuchten lässt ...

Ich erinnere mich an eine sinnliche Siesta, allein, in der ich nach dem Höhepunkt der Lust in einen von Kreaturen à la Delvaux bevölkerten Schlaf entführt wurde. Ohne dass irgendein Zug zu nehmen wäre.

Ich erinnere mich an keine lustvolle Siesta zu dritt oder zu viert? Loch in der Erinnerung? Aber kann man denn gut schlafen zu so vielen?

Ich erinnere mich an eine durch schrilles Telefonläuten unterbrochene Siesta. Es hatte sich jemand verwählt! Verflucht seien diese Spielverderber!

Ich erinnere mich an Siestas in Albany, gleichmäßig wie Notenpapier, nach einem Imbiss und vor der Plauderei am Ende des Tages; glücklich rutschte ich in mir zusammen, auf einem Liegestuhl am Schwimmbad des Mittelklassehotels, in dem die Universität mir ein Zimmer reserviert hatte. In diesem Schlummer meditierte ich und bereitete meine künftigen Lehrveranstaltungen vor. Die Siesta hat das große Verdienst, beim Ordnen von Ideen zu helfen, den Kopf zu entleeren und unseren Geist auszuruhen.

Ich erinnere mich an eine heiße Siesta, in der sich der Schläfer, schweißgebadet, wie ein Kämpfer nach dem Kampf, selbst k. o. setzte.

Ich erinnere mich an ein Ferienhaus, in dem man die Siesta wenig achtete, ich musste mich ins Exil begeben, ganz ans Ende des Gartens, in den Schatten der Kiefern. Es gibt solche absolut autoritären und fanatischen Häuser.

Ich erinnere mich an eine besonders angenehme, durchwachte Siesta, während der ich eine Weltreise machte und meine Freunde besuchte. Wie durch Telepathie.

Ich erinnere mich an eine chrysanthemfarbene Siesta, Vorwand, meiner Verstorbenen in Ehren zu gedenken.

Ich erinnere mich an eine durch eine Tischgesellschaft guter Freunde gestohlene Siesta, die ich weder sitzen lassen konnte noch wollte.

Ich erinnere mich an eine federleichte Siesta, während der ich nach Lust und Laune schweben, unbekannte Länder besuchen, die Mäander eines kühlen Flusses entdecken, das begehrte Land des Schlafens kartografieren konnte.

Ich erinnere mich an äußerst zahlreiche Siestas, über die ich gar nichts zu sagen habe.

Ich erinnere mich an eine erdrückende Siesta, die bei mir den Nachgeschmack eines Katers hinterließ ...

Ich erinnere mich an ein Selbstverbot, Siesta zu halten, das Kolloquium sollte mit meinem Beitrag weitergehen!

Ich erinnere mich an eine fröhliche Siesta, eingehüllt in tausend Freuden, wie umsonst. Und beim Aufwachen ein Aufflattern kindlichen Gelächters ...

Ich erinnere mich an eine kurze Siesta, einige Sekunden von selten intensiver Konzentration und Entspannung zugleich.

Ich erinnere mich an eine sehr lange Siesta, die mich bis in die dichte und schützende Nacht begleitete. Dieser in die Nacht hineinreichende Tag rief in mir das Bild von Regen hervor, der sich mit dem Meer vereinigt.

Ich erinnere mich an süße, musikalische, parfümierte, unbegrenzte, fröhliche Siestas, aber auch an bittere, ruhige, fade, schmale, geschlossene, oder an unruhige, lärmende, launische, fleischfarbene, holzfarbene, steinfarbene, meerfarbene, an elementare, primäre und primitive Siestas, schließlich an zivilisierte, gesittete, und an andere, ausschweifende, verlotterte oder verschobene, azurblaue, seltsame, mönchische, ekstatische Siestas – kurzum: an völlig unterschiedliche und in ihren Effekten und Ursachen manchmal gegensätzliche Siestas. Die Wahrheit der Siesta entgeht uns letztlich immer ...

Ich erinnere mich an derart viele Siestas, dass ich mich manchmal dabei ertappe, sie Revue passieren zu lassen, so wie der Schlafsuchende Schäfchen zählt, um schneller und vergnügter ins Land der Träume zu entschweben.

Lektüre

Aus dem überaus umfangreichen Angebot an Literatur über die Zeit und den Schlaf nenne ich hier hauptsächlich die im Text direkt zitierten Werke, sodass diese Bibliografie ein wenig das Fehlen von Fußnoten wettmacht.

ASCHER, F.: *Métapolis ou l'avenir des villes*, Paris 1995

ASCHER, F.: »Mais qu'est-ce qu'on va faire de tout ce temps?«, in: *Libération*, 15.1.1997

ATTALI, J.: *Histoires du temps*, Paris 1982

BACHELARD, Gaston: *L'Intuition de l'instant*, Paris 1931

BACHELARD, Gaston: *La dialectique de la durée*, Paris 1950

BACHELARD, Gaston: *Lautréamont*, 1939 (José Corti)

BACHELARD, Gaston: »La dialectique dynamique de la rêverie mallarméenne«, in: *Le Point*, Nr. 40–44, 1944 (Souillac); wieder aufgenommen in: *Le Droit de rêver*, Paris 1970

BACHELARD, Gaston: *La Poétique de la rêverie*, Paris 1960

BÉGUIN, A.: *L'Âme romantique et le Rêve*, 1939 (José Corti)

BONFIGLIOLI, Sandra: *L'Architettura del tempo. La citta multimediale*, Neapel 1990

BOUYER, L.: *Introduction à la vie spirituelle, Précis de théologie ascétique et mystique*, Paris 1960

BRAUDEL, Ferdinand: *Civilisation matérielle et Capitalisme*, Bd. 1, Paris 1967

BRENOT, Ph.: *Éloge de la masturbation*, Toulouse 1997

CACÉRÈS, B.: *Loisir et Travail, du Moyen Âge à nos jours*, Paris 1973

CAILLOIS, Roger: *Les Démons de midi*, Montpellier 1991

Die im Text erwähnten Artikel, in denen R. Caillois Zusammenfassungen seiner Diplomarbeit (vorgelegt an der École pratique des hautes études, 5. Sektion, Religionswissenschaften) veröffentlicht hat, sind in der *Revue de l'Histoire des Religions* (LVIII, 1937, Nr. 115 und Nr. 116) und in der *Revue des études slaves* (XVI, 1936 und XVII, 1937) erschienen.

CHEBEL, M.: *L'Imaginaire arabo-musulman*, Paris 1993

CHESNEAUX, J.: *Habiter le temps – présent, passé, avenir. Pour un dialogue politique*, Paris 1996

CHEVALIER, Jean/ Gheerbrant, Alain: *Dictionnaire des symboles*, Paris 1982

COMBY, Bruno: *Éloge de la sieste*, 1994 (Editions F. X. de Guibert)

CORDELIER, J.: »A la reconquête du temps perdu«, in: *Le Point*, Nr. 1297, Juli 1997

Critique. »Rêve, sommeil, fatigue«, Nr. 603–604, Paris 1997

DELUMEAU, J.: *La civilisation de la Renaissance*, Paris 1967

DUVEAU, G.: *La Vie ouvrière sous le Second Empire*, Paris 1946

GEORGOUDI, Stella: »Pan«, in: *Dictionnaire des mythologies*, hg. von Y. Bonnefoy, Paris 1981

GIONO, Jean: *Le Poids du ciel*, Paris 1949

GLÜCK, D.: *Dormir. Les 1001 rituels du sommeil*, 1997 (Bonneton)

GORZ, André: *Arbeit zwischen Misere und Utopie*, Frankfurt/M. 2000

GUYAU, J. M.: *La Genèse de l'idée de temps* (1890), Neuauflage: »Les introuvables«, Vorwort von Thierry Paquot, 1998 (L'Harmattan)

HALL, E. T.: *The Dance of Life: The Other Dimension of Time*, 1996 (Peter Smith Publication)

HEIDEGGER, Martin: *Vorträge und Aufsätze*, Tübingen 1997

HEIDEGGER, Martin: *Einführung in die Metaphysik*, Tübingen 1998

HEIDEGGER, Martin: *Überlieferte Sprache und technische Sprache*, Genf 1991

ILLICH, Ivan: »Schöpferische Arbeitslosigkeit«, erschienen in: ders.: *Fortschrittsmythen*, Hamburg/Reinbek 1978
ILLICH, Ivan: *In the Mirror of the past. Lectures & Addresses 1978–1990*, London 1991
JÜNGER, Ernst: *Das Sanduhrbuch*, Frankfurt/M. 1957
JUNGMANN, J. A.: *La Liturgie de l'Église romaine*, Mulhouse 1957
LAFARGUE, Paul: *Das Recht auf Faulheit*, hg. und eingeleitet von Iring Fetscher, Frankfurt/Wien 1966
LAÏDI, Z. (Hg.): *Le Temps mondial*, Brüssel 1997
LEFEBVRE, Henri: *Critique de la vie quotidienne*. Bd. I, Paris 1946, Bd. II, 1961 und Band III, 1981 (L'Arche)
LEFEBVRE, Henri: *La Présence et l'Absence*, Tournai/Paris 1980
LEFEBVRE, Henri: *Eléments de rythmanalyse* (Vorwort von René Lourau), 1992 (Syllepse)
LE GOFF, Jacques: »Zeit der Kirche und Zeit des Händlers im Mittelalter«, in: *Schrift und Materie der Geschichte*, hg. von C. Honegger, Frankfurt/M. 1977
LE GOFF, Jacques: »Le temps du travail dans la ›crise‹ du XIV siècle: du temps médiéval au temps moderne«, in: *Pour un autre Moyen Âge*, Paris 1977
LE GOFF, Jacques: »Temps de travail, temps du loisir au Moyen Âge«, in: *Temps libre*, Nr. 1, 1980
LE GOFF, Jacques: »Le christianisme et les rêves (II-VII siècle)« (1983 und 1985), in: *L'Imaginaire médiéval*, Paris 1985
Lepetit, B. und Pumain D. (Hg.): *Temporalités urbaines*, 1993 (Anthropos)
MAGNIN, P.: *Le Sommeil et le Rêve*, Paris 1990
MISSENARD, André: *À la recherche du temps et du rythme* (Vorwort von Alexis Carrel), Paris 1940
MIZIO, F.: »L'Art de la sieste«, in: *Libération*, 28. Juli – 5. August 1997
MOLES, A.: *Micropsychologie et Vie quotidienne*, Paris 1976
MOLET, L.: »L'année sacrale, la fête et les rythmes du temps«,

in: *Histoire des mœurs*, Bd. I: Encyclopédie de la Pléiade, hg. von Jean Poirier, Paris 1991
MOREAU-CHRISTOPHE, Louis-Mathurin: *Du droit à l'oisiveté et de l'organisation du travail servile dans les républiques grecques et romaines*, 1849 (Guillaumin & Cie)
MORUS, Thomas: *Utopia*, Frankfurt/M. 1992
MUMFORD, Lewis: »Planning for the phases of life«, in: *Town Planning Review*, Bd. XX, Nr. 1, 1949
PAQUOT, Thierry: *Vive la ville!*, 1994 (Arléa-Corlet)
PAQUOT, Thierry: *L'Utopie ou l'idéal piégé*, Paris 1996
PAQUOT, Thierry: »La sieste cette inconnue«, in: *Croissance des jeunes Nations*, Nr. 315, April 1989
PINHEIRO DOS SANTOS, Lucio Alberto: *La Rythmanalyse* (Veröffentlichung der »Société de Psychologie et Philosophie«), Rio de Janeiro 1931
QUEIROZ, O.: »Horloges biologiques«, in: *Courrier du CNRS*, April 1978, S. 21–29, 1978
REINACH, S.: *Cultes, Mythes et Religions*, Paris 1996
REINBERG, Alain/Ghata, J.: *Les Rythmes biologiques*, Paris 1978
REINBERG, Alain: »Rythmes scolaires et rythmes biologiques de l'enfant«, in: *Universalia* 1997, S. 301–304
RYBCZYNSKI, W.: *Histoire du week-end*, Paris 1992
SANSOT, Pierre: »Temps libre, temps flottant«, in: *Temps Libre*, Nr. 2, 1981
SCHIVELBUSCH, Wolfgang: *Geschichte der Eisenbahnreise*, Frankfurt/M. 1989
STUDENY, C.: *L'Invention de la vitesse. France, XVIII-XX siècle*, Paris 1995
SIMMEL, Georg: *Die Großstädte und das Geistesleben*, in: ders.: Gesamtausgabe, Bd. 7, Frankfurt/M. 1995
SIMMEL, Georg: *Soziologie der Sinne*, in: ders.: Gesamtausgabe, Bd. 8, Frankfurt/M. 1995

Terrain, Carnets du patrimoine ethnologique, Nr. 29, »Vivre le temps«, September 1997

THOMPSON, E. P.: »Temps, travail et capitalisme industriel«, in: *Libre*, Nr. 5, Paris 1979

Urbanistica Quaderni, »Il tempo e la citta fra natura e stroria. Atlante di progetti sui tempi della citta«, hg. von Sandra Bonfiglioli und Marco Mareggi, Rom 1997

THIBON, Gustave: »Les rythmes dans la vie spirituelle«, in: *Les Rythmes et la Vie*, hg. von Prof. Laignel-Lavastine, 1947 (Plon)

VALLET, O.: »Le temps éprouvé«, in: Revue *Ètudes*, Januar 1993

VIRILIO, Paul: *Fluchtgeschwindigkeit*, München/Wien 1996

VIRILIO, Paul: *Cybermonde, la politque du pire* (Gespräch mit Philippe Petit), Paris 1996